毕业设计与毕业论文指导

陈 平 编著

内 容 简 介

本书从高等学校毕业生毕业设计与毕业论文答辩的实际出发，结合毕业生在毕业设计与毕业论文答辩中出现的各种问题，具体指导毕业生怎样拟写开题报告，如何做毕业设计，怎样撰写毕业论文，以及毕业答辩和毕业指导的相关技巧。本书讲解深入浅出，实例详细，具有很强的示范性和实用性，是毕业生和指导老师重要的参考资料。

图书在版编目(CIP)数据

毕业设计与毕业论文指导/陈平编著. —北京：北京大学出版社，2015.5
ISBN 978-7-301-25448-6

Ⅰ.①毕… Ⅱ.①陈… Ⅲ.①毕业实践–高等学校–教学参考资料②毕业论文–写作–高等学校–教学参考资料 Ⅳ.①G642.477

中国版本图书馆 CIP 数据核字（2015）第 023557 号

书　　　名	毕业设计与毕业论文指导
著作责任者	陈　平 编著
责 任 编 辑	周　伟
标 准 书 号	ISBN 978-7-301-25448-6
出 版 发 行	北京大学出版社
地　　　址	北京市海淀区成府路 205 号　100871
网　　　址	http://www.pup.cn　新浪微博：@北京大学出版社
电 子 邮 箱	编辑部 zyjy@pup.cn　总编室 zpup@pup.cn
电　　　话	邮购部 010-62752015　发行部 010-62750672　编辑部 010-62754934
印 刷 者	北京溢漾印刷有限公司
经 销 者	新华书店
	787 毫米 × 1092 毫米　16 开本　9.5 印张　166 千字
	2015 年 5 月第 1 版　2024 年 12 月第 10 次印刷
定　　　价	26.00 元

未经许可，不得以任何方式复制或抄袭本书之部分或全部内容。
版权所有，侵权必究
举报电话：010-62752024　电子邮箱：fd@pup.cn
图书如有印装质量问题，请与出版部联系，电话：010-62756370

前　　言

　　毕业设计与毕业论文答辩是每个本科生毕业前最重要的任务，从实际情况来看，学生普遍在实际写作过程中存在很多问题，包括如何选题、如何写开题报告、如何安排论文结构，以及如何准备最终的答辩等。其中很多问题就连一些指导教师也在认识上存在一定的缺失，导致学生设计和写作质量不高，无法达到预期的教学检测的效果。

　　另外，毕业设计与毕业论文是高等学校人才培养方案中重要的实践教学环节，是高等学校学生毕业前带有实践性、创造性和综合性的一项工作。通过做毕业设计和毕业论文写作与答辩，有助于学生正式确立较具体的专业方向，培养学生开展科研、综合运用所学专业知识与技能解决实际问题的能力，最终检验高等学校的教学效果，为进一步提高教学质量提供重要的反馈信息。因此，高等学校都非常重视毕业生的毕业设计和毕业论文写作与答辩工作。

　　为了解决学生在毕业设计与毕业论文写作实践中遇到的各种困惑，也为了提高本科生的毕业设计和毕业论文写作质量与答辩水平，更好地完成人才培养方案，具体落实教学运行计划，进一步提高教学质量，我们特编写了这本《毕业设计与毕业论文指导》，供广大毕业生和指导教师参考。

　　本书是在多所本科院校领导和同人的关怀与支持下，在院系教研室老师的大力协作配合下，并参阅了当前最新的相关论著和网络资料完成的。本书在编著过程中，很多毕业设计与毕业论文指导老师，以及毕业学生积极参与并大力协作；本书在列入年度教材建设立项的过程中马莉老师和姚怡欣老师积极参与并提供了帮助，使本书的撰写和审核出版工作得以顺利进行。在这里一并表示感谢。

　　由于作者水平所限，加之成书时间仓促，错误在所难免，敬请读者批评指正。

陈　平

2015年4月于成都

目 录

第一章 毕业论文与毕业设计概述 ··· (1)
  第一节 毕业论文与毕业设计的性质和意义 ································ (1)
  第二节 毕业论文的分类、格式和原则 ······································ (6)
  第三节 毕业设计的内容、要求和原则 ······································ (16)
  第四节 写作中的几个技术性问题 ·· (21)

第二章 怎样撰写毕业论文 ··· (25)
  第一节 毕业论文的写作步骤 ··· (25)
  第二节 选择题目 ··· (30)
  第三节 收集材料 ··· (33)
  第四节 标题、论点和论证 ·· (37)
  第五节 草拟提纲 ··· (42)
  第六节 起草、修改与定稿 ·· (48)

第三章 怎样做毕业设计 ··· (54)
  第一节 毕业设计的选题 ·· (54)
  第二节 编制设计任务书和准备资料 ·· (58)
  第三节 确定设计方案和绘制设计图纸 ····································· (63)
  第四节 毕业设计任务书的写法 ·· (63)

第四章 毕业论文和毕业设计的答辩与指导 ······························· (75)
  第一节 毕业论文与毕业设计的答辩 ·· (75)
  第二节 毕业论文与毕业设计指导 ··· (87)

附录一 部分高等院校毕业设计与毕业论文实施细则参考 ············ (93)
附录二 部分高等院校毕业设计与毕业论文参考范例 ··················· (108)
附录三 部分专业大类的毕业设计与毕业论文参考选题 ················ (128)
参考文献 ··· (144)

第一章　毕业论文与毕业设计概述

> 毕业论文和毕业设计是高等学校和部分中等专业学校学生毕业时的总结性作业,是学生根据自己所学专业培养目标的要求,在指导教师的指导下独立完成的一份有一定价值的论文或设计,是一项具有综合性和实践性的工作。这项工作要求学生综合运用自己所学专业的基础理论、专业知识和技能,作出与社会生活、生产实际问题相关的设计或写出阐述解决某一问题的文章。因此,要做好毕业论文和毕业设计,首先要使学生明确其内容要求、程序方法及一系列有关知识。本章将对此类问题作简明扼要的讲述。

第一节　毕业论文与毕业设计的性质和意义

一、什么是毕业论文和毕业设计

（一）毕业论文

所谓毕业论文,是指高等学校的应届毕业生,针对某一课题,综合运用自己所学专业的基础理论、专业知识和技能(包括课堂教学互动过程中学到的,查阅文献资料获得的,社会调查和科学实验中获取的),写出阐述解决某一个问题的文章。

（二）毕业设计

所谓毕业设计,是指高等学校有关技术科学专业的应届毕业生,针对某一课题,综合运用本专业有关课程的理论和技术,作出解决实际问题的设计,它相当于一般专业的毕业论文。

由于学科、专业的不同,毕业设计一般可分为工程设计和新产品设计等。各类设计在其具体内容和具体要求上虽然有所不同,但在总体结构和基本要求上是大体相同的。一个正规的设计通常包括设计方案、设计方案说明书和工作图等。

（三）毕业论文和毕业设计比较

毕业论文和毕业设计都是毕业生综合性、实践性较强的独立性作业,是高等学校的一个重要教学环节。因此,其教学要求是基本一致的。两者均是高等学校应届毕业生的总结性作业,都要根据自己所学专业的培养目标的要求,在指导教师的指导下独立完成的一份有一定学术价值的作业,是"专业人才"的处女作。

毕业论文和毕业设计虽然在教学要求上是相同的,但在性质上存在着一定的差异。

毕业论文偏重于深入钻研某一项科学技术的理论或实际问题,要求在"深""新"上下功夫,力求对某一项科学技术的理论或实际问题阐明自己的新观点、新见解。毕业论文主要对学生在查阅文献资料实验技能(或社会调查能力)、逻辑推理、数据处理、写作能力等方面进行初步训练。

毕业设计则偏重于比较全面地运用各科知识与技能解决某个具体的工程、技术问题的训练,比较偏重与实践知识的结合,要求在"广度"的基础上,丰富"深度"的内容。

例如,机械类专业毕业设计的内容一般包括:
(1) 收集、查阅各种文献资料,了解有关技术政策;
(2) 设计原理及方案论证;
(3) 工艺计算;
(4) 设备计算;
(5) 设计的工程平面布置方案的确定;
(6) 对其他主要工程技术问题的处理;
(7) 绘制图纸;
(8) 撰写毕业设计任务书等方面。

二、为什么要做毕业论文和毕业设计

1903年,我国首先公布、实行的《奏定高等学堂章程》(《奏定高等学堂章程》是清政府颁布的关于学制系统的文件)中就规定了各科学生在毕业前夕,要进行毕业论文或毕业设计,这种制度一直延续到现在,成为高等学校教学中的一个重要环节。

毕业生进行毕业设计和撰写毕业论文有着重大的意义。它是学校综合检查学生在校期间学习成绩的一种手段,是评定毕业成绩的重要依据和评定学位的必备条件。同时,通过毕业论文和毕业设计使学生对某一课题进行专门的、深入的、系统的研究,以巩固、扩大、加深已有知识,培养学生综合运用所学知识独立解决问题的能力;也是学校学生走上国家建设岗位前的一次重要的实习。

写毕业论文和做毕业设计在高等学校教育中所处的地位和作用体现在以下六个方面。

（一）是高等学校教学计划的重要组成部分

高等学校的有关工程技术学科专业毕业生做毕业设计，文理科及一般性学科专业的毕业生写毕业论文，长期以来就被视为高等教育教学内容的一个重要部分，尤其是中华人民共和国成立以后，我国的教育部门重视对大学生进行实践能力的培养，并正式把毕业论文和毕业设计列入高等学校各专业的教学计划之中。1983年，教育部颁发的《全日制普通高等学校学生学籍管理办法》第18条中规定："……毕业设计、毕业论文、毕业实习不及格者，各按照一门主要课程不及格对待。"因此，各高等学校都将毕业论文和毕业设计列入教学计划，成为教学计划的重要组成部分。

（二）是培养学生解决实际问题能力的重要教学环节

毕业论文、毕业设计和课堂教学环节是紧密联系、彼此配合、相辅相成的。从某种程度上讲，毕业论文、毕业设计这个环节是前面各个教学环节的继续与深化，而它的综合性和实践性则是其他理论和实践教学环节所不能代替的。因为，科学研究方法的训练和科研能力的培养固然是整个大学教学过程的一贯任务，但各门课程、各个教学环节对学生进行这种能力的训练和培养带有局限性、被动性和零散性。而做毕业论文、毕业设计却是集中地、系统地对学生进行科研方法和能力训练的较好形式。因为做毕业论文或毕业设计，就是让学生在平时学习和所受训练的基础上，运用所学到的知识和技能，在指导教师的指导下，集中时间和精力，通过查阅文献资料、调查研究、科学实验、现场参观，进行分析、研究、构思、升华，独立地解决某一个实际问题，最后制订设计方案并写出任务书或写成论文，这是对学生进行一次理论联系实际的、全面的、综合性的训练过程。

通过做毕业论文、毕业设计这个环节，可以使学生得到以下收获：

(1) 使学生使用并巩固平时学习和训练的成果；

(2) 使学生比较系统地锻炼自己的独立思考、独立工作的能力，初步训练从事科学研究的基本功；

(3) 使学生懂得如何选题、查阅文献资料，进行调查研究和试（实）验，掌握实验的方法；

(4) 提高学生的各种能力，如综合运用知识、技能分析、解决问题的能力；

(5) 培养学生制订设计方案或试验（实验）方案的能力；

(6) 提高学生设计、计算、绘图和使用工具书的能力；

(7) 增强学生技术经济分析和组织工作能力；

(8) 使学生掌握写毕业论文或做毕业设计的能力；

(9) 激发学生的科研兴趣，增长学生的才干，使学生受到一次科学研究规范的基本训练。

总而言之,毕业论文与毕业设计是让学生主动获得独立分析问题、解决问题能力的综合性实践。

(三) 是检验教学效果,提高教学质量的重要措施之一

毕业论文和毕业设计的质量,基本上可以反映学生的学习质量和科研的初步能力,包括:阅读文献资料的能力;社会调查或实验能力;观察与分析问题的能力;计算、制图和文字表达能力;逻辑思维能力等。各科的教学效果如何,教师教得是否得法,学生学得是否扎实等,都可以从学生完成毕业论文和毕业设计任务的情况及质量的高低等方面反映出来。一般来说,教师业务水平高,教学得法,学生平时学得扎实,那么学生的基础知识和专业知识掌握得比较牢固,分析问题和解决问题的能力就比较强。毕业论文和毕业设计就进行得比较顺利,质量也会比较高,反之就差。所以,毕业论文和毕业设计就好似一面镜子,既反映学生学的问题,又反映教师教的问题。这样教师就可以根据存在的问题,不断地改进教学方法,以弥补教学中的缺陷和不足,进一步提高教学质量。

(四) 是评定学位的必需条件

《中华人民共和国学位条例暂行实施办法》第 3 条规定:"高等学校本科学生完成教学计划的各项要求,经审核准予毕业。其课程学习和毕业论文(毕业设计或者其他毕业实践环节)的成绩,表明确已较好地掌握本门学科的基本理论、专门知识和基本技能,并有从事科学研究工作或担负专门技术工作初步能力的,授予学士学位。"因此,为了认真贯彻该条例,不论哪一个专业的本科生,都应该进行毕业设计或写作毕业论文,而且必须认真对待,不能草率从事。

(五) 有利于鼓励学生的创新精神,从中发现和挑选人才

由于在同一学科专业的学术领域有着不少的专业方向,毕业生不可能一一研究写出综合性的见解。毕业论文、毕业设计只要求学生对某个专业中的某个课题作一定的研究,由此提出自己的新看法、新见解。组织学生进行毕业论文、毕业设计的过程,就是学生充分发挥自己的聪明才干和创意精神的过程,就是帮助学生分析并发挥自己的学业专长,确立自己主攻专业方向的过程,许多学生的毕业论文、毕业设计的课题就成了其日后工作时的科研主攻方向。这样,通过比较毕业论文和毕业设计的质量或水平优劣,无疑地可以从中发现和挑选优秀人才。

(六) 可以促进教学、科研、生产三结合

毕业论文或毕业设计都是要学生综合地运用所掌握的专业知识和技能,研究、解决某一实际问题(课题),作出设计方案,写出设计任务书或学术论文。这本

身就是教学、科研和生产的有机结合。因为,在做毕业论文和毕业设计的过程中,教师既要传授理论知识,又要亲临科研场所或生产场所指导学生,促进教师、科研人员、生产人员三者共同研究和试(实)验,有的论文(设计)课题本身就是科研项目中的子题目(即二级子题目)。从某种意义上说,毕业论文、毕业设计是教学、科研、生产三结合的产物。这些科研成果反过来又丰富了高等学校的科研和实验内容,推动了高等学校科学研究和实验室的建设,不少的研究成果还产生社会效益,直接服务社会。

三、毕业论文和毕业设计的工作程序

做毕业论文和毕业设计是一项较复杂且带有综合性质的工作,必须遵循一定的工作次序或安排,才能做到有条不紊、效率高、质量好。毕业论文和毕业设计虽有各自的特点,但也有许多相同或相似的地方,在工作程序上,概括起来有以下相同点:

第一,选题、收集资料、了解课题的历史与现状,确定研究方法,制订研究计划;

第二,围绕课题采用观察、试(实)验、调查研究、查阅文献等多种方法;

第三,占有大量的材料后进行科学的分析研究,制订设计方案,或提出论文论点及写作提纲;

第四,进行方案设计、编制设计任务书或论文写作,并反复认真修改设计方案或论文;

第五,做好毕业设计和毕业论文的答辩准备和参加答辩;

第六,将毕业论文和毕业设计上交到院系归档等。

简单来说,做毕业论文和毕业设计可以分为四个阶段,每个阶段都包括一定的具体工作(参见表 1-1)。

表 1-1 毕业论文、毕业设计工作程序

序号	阶段	毕业论文	毕业设计
一	准备阶段	1. 选题 2. 收集资料 3. 下厂矿参观和实习	1. 选题 2. 收集资料 3. 下厂矿参观和实习
二	科研阶段	1. 确定研究方法和制订研究计划 2. 观察、实验、调查、收集文献等资料 3. 整理资料、处理数据 4. 研究分析资料,提炼论点	1. 可行性研究设计 2. 初步设计 3. 施工图设计和绘制图纸

续表

序　号	阶　段	毕业论文	毕业设计
三	写作阶段	1. 拟定提纲 2. 写作论文 3. 修改定稿	1. 拟定设计任务书 2. 修改定稿
四	答辩阶段	1. 准备答辩 2. 答辩 3. 材料归档	1. 准备答辩 2. 答辩 3. 材料归档

第二节　毕业论文的分类、格式和原则

一、毕业论文的分类

按不同的标准,毕业论文可以划分为以下五大类。

（一）专业论文和调查报告

按研究对象的明确性不同,毕业论文可分为专业论文和调查报告。

1. 专业论文

专业论文,是指不同专业类别的论文,它不是文学作品,更不是科幻小说。专业论文的要求是能理论联系实际,运用所学知识对本专业的有关理论和实际问题进行探讨分析。从专业论文的内容、结构、形式来划分,专业论文可分为论述型论文和综述型论文。

（1）论述型论文

所谓论述型论文,是一种以抽象的概念,运用议论、说明等表达方式和概括性的语言,通过概念、判断、推理等逻辑形式来分析事物、推论事理,从而阐明作者在某一学术领域中的新观点或重要见解的一种文体。从论证过程的形式讲,论述型论文又可分为立论型论文和驳论型论文。

所谓立论型论文,就是通过论证,从正面阐明自己的观点或见解的论文。

所谓驳论型论文,就是在论证过程中,主要通过驳斥,辨析别人的错误观点,从而确立自己观点的正确性的论文。这类论文往往通过对事物现象本质的重新透视,针对前说,逐一辩驳,从而引发一个不同的结论。这种论文在论证过程中更加重视反证、归谬等逻辑手法的运用。归谬反证法是一种常用的克敌制胜的论辩武器,它不直接对对方的论点、论据及论证方式进行正面驳斥,而是按照对方的逻辑和思路推导出一个明显荒谬的结论,使其论点不攻自破。它的标题常常以"也谈×××""再论×××""就×××问题与×××商榷""×××辨析"或"驳××

×"等形式出现。

论述型论文具有以下三个特点。

① 以议论为主

人的思维活动大体可分为两类:一类是具体的、感性的;另一类是抽象的、理性的。前者可以用记叙、描写等表达方式,而后者却离不开议论。论述型论文所要表达的是抽象的、极富理性色彩的观点、主张,具有主观性,这样,议论就成了它的主要表达方式。当然,一篇论述型论文还要借助说明、描写,甚至抒情等多种表达方式才能组成有机的整体。

② 极强的理性色彩

论述型论文不仅要提出一定的观点、主张,指出"是什么",而且要回答"为什么""怎么样"。要以理服人,别人才会接受文章中提出的观点、主张。这样,就要求论文既包括运用科学的理论来证明自己的观点、主张,又包括通过文章建立自己的理论体系。一些真正的论述型论文必会体现出极强的理论色彩。

③ 严密的逻辑性

要在一定的理论指导下说理论事,阐发正确的观点,就必须借助一定的逻辑形式。逻辑分辨证逻辑和形式逻辑。一篇论述型论文只有借助令人折服的逻辑力量,才能使论证严密、无懈可击,从而达到让人接受文章观点的目的。

(2) 综述型论文

所谓综述型论文,就是针对某一研究对象,综述前人已有的研究成果,并指出进一步努力方向的论文。综述型论文的目的是要使读者看到某一研究成果的性质、规模、进程、状态和趋势等,其特点是以叙述为主、夹叙夹议,有时议论多于叙述。综述型论文可以分为横向综述型、纵向综述型和横纵向结合综述型三类。

① 横向综述型

横向综述型是就同一时间(或时期)内某一问题的系列研究成果,以空间为序,作扫描式的综述。它的特点是综述的各项内容之间是并列关系。

② 纵向综述型

纵向综述型是就某一研究对象在不同时间(或时期)内的研究成果作透视式的综述。它的特点是综述的各项内容之间呈因果关系或递进关系。

③ 横纵向结合综述型

横纵向结合综述型即具有横向综述型和纵向综述型两种综述方式。

2. 调查报告

所谓调查报告,就是指作者带有明确的目的,对某一对象(典型单位或典型问题等)进行认真深入的调查后,用所学知识将获得的情况和看法通过书面形式反映出来,并提出意见或建议。调查报告也称调查研究报告。

从严格意义上讲,调查报告并不属于专业学术论文的范畴,不能成为毕业论文。但是,由于许多大专院校都以"毕业作业"代替毕业论文,而这两者之间虽然有许多的相同之处,但也有一定的区别,主要是文体上的区别。毕业论文属于学术论文的范畴,而毕业作业所包括的文体则更加广泛。毕业作业可以是学术论文,也可以是调查报告、案例(或作品)分析,还可以是工作研究等。

由于调查对象千差万别,内容多样,按不同的标准,可以对调查报告作出以下不同的分类。

(1) 从调查对象的范围而言,有综合调查报告和专门调查报告。

(2) 从调查对象所处时间而言,有历史情况调查报告和现实情况调查报告。

(3) 从调查报告的内容、特点等角度可分为以下四种。

① 社会情况调查报告

社会情况调查报告反映的内容十分广泛,涉及社会各领域、各阶层、各部门,包括政治、经济、科技文化、思想、教育等各方面的重大问题和基本情况。如毛泽东的《兴国调查》就是反映某一阶级(或阶层)情况的调查报告。这类调查报告强调普遍性、系统性和深入性。它取材丰富,分析精辟,一般篇幅较长,多用来为领导机关、决策部门提供制定政策的依据。

② 典型经验调查报告

典型经验调查报告,是指对先进典型开展某项工作、执行某一政策的创造性做法,及其对这一做法的认识和感受进行调查研究后形成的书面报告。这些经验应经得起实践检验,符合党的方针、政策,对生产力的发展起促进作用。写作典型经验调查报告时应着重阐明先进典型的思想基础、具体做法、实效及其普遍意义等。这类调查报告主要用于为上级贯彻方针政策提供具体样板,使用率很高。

③ 揭露问题的调查报告

揭露问题的调查报告,是指作者对现实生活中落后的或丑恶的东西进行实事求是的调查后写成的报告。它帮助人们认清反映对象的实质,提高读者鉴别是非的能力,并提醒人们要引以为戒。

④ 新生事物调查报告

新生事物调查报告,是指对社会实践中涌现出的新人新事进行调查研究后写成的报告。它注重阐明新生事物的性质、特点、产生的背景、发生发展过程、意义等,并提示其规律,指出发展方向。

调查报告具有以下三个显著的特征。

(1) 纪实性

纪实性是一种注重和追求再现生活自然面貌或反映记录实际状况的一种纪实性作品或者表现形式。这是调查报告的首要特点,调查报告是用事实说话,既不能夸大,也不能缩小,更不允许文学虚构。

(2) 提示性

调查报告除了报告具体对象的一些情况外,还应做到从个别到一般,从特殊到普遍,从具体现象中提示出带规律性的东西,而不仅仅是对客观对象进行简单的叙述。

(3) 实用性

调查报告不同于理论文章和学术论文,它反映的是具体环境下的具体事件,目的是为了帮助人们解决一些现实问题,其实用性是显而易见的。

调查报告因具有调查的周密性、研究的深透性和表达的准确性三大基本要求,作为一种应用文体,正在社会生活的各个行业、各个领域发挥着越来越重要的作用。

目前,各类普通高校和成人高校毕业生撰写的毕业论文主要可以分为两类:专业论文和调查报告。

(二) 一般性论文、学士论文、硕士论文和博士论文

按写作目的的不同,毕业论文可分为一般性论文、学士论文、硕士论文和博士论文。学士论文是本科毕业生为了获取学士学位所做的毕业论文,顾名思义,硕士论文和博士论文就是硕士研究生和博士研究生为了获取硕士学位或博士学位所做的毕业论文。

(三) 理论型论文和实践型论文

按研究方法和写作方法的不同,毕业论文可分为理论型论文和实践型论文。

1. 理论型论文

所谓理论型论文,是指依靠逻辑推理和假说的研究方法对文献资料进行研究、分析、推理,获取研究成果并以理论阐述为主的论文。这种论文的正文部分主要由论点、论据、论证三部分构成。

2. 实践型论文

所谓实践型论文,是指主要靠通过实验、实践环节,获取材料,运用计算、描述、分析、设计、实验等研究方法获取研究成果,并以叙述为主的论文。这种论文的正文部分一般都由实践条件和方法、结果和讨论等内容组成。

以上两种类型的论文所运用的主要研究方法、写作方法虽然不同,但任何一种课题都不可能只用一种方法进行研究,也不可能是用单一的写作方法撰写成论

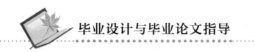

文,而往往是以某一种方法为主而辅以其他的方法。

(四) 主(立)论型论文和驳论型论文

按文章议论的性质不同,毕业论文可分为主(立)论型论文和驳论型论文。

1. 主(立)论型论文

此类论文即是从正面来阐述、论证自己的观点和主张,或是从正面进行议论为主的论文。

2. 驳论型论文

此类论文即是靠反驳别人的论点来确立自己的观点和主张,或以反驳为主的论文。

前者是以"立"为主,后者是以"破"为主。任何要表述确立自己观点、成果的文章往往都有立与破两种成分。毕业论文也不例外,"立"中有"破","破"中有"立",两者是不可截然分开的。一般来说,一篇论文总有侧重,或以立为主,或以破为主。

(五) 自然科学论文和社会科学论文

按论文内容属性的不同,毕业论文可分为自然科学论文和社会科学论文。凡是以自然科学为研究对象的论文均属于自然科学论文,凡是以社会科学为研究对象的论文均属于社会科学论文,两者的研究对象不同,研究方法和研究目的也有较大的区别。

二、毕业论文的格式

毕业论文的格式,即论文结构一般包括题目、署名(略)、目录(或节段标题)、摘要、前言(或绪论)、本论、结论、参考文献、答谢(或致谢)、附录等十个部分。

(一) 题目

题目又称标题、总题目。毕业论文的题目非常重要,一个好的题目既能概括整篇论文的中心内容,又能引人注目。因此,题目要确切、恰当、鲜明、简短,用词要精练、中肯、醒目。

(二) 目录(或节段标题)

一般较短篇幅的毕业论文可以省去目录,但对于篇幅较长的毕业论文最好要有目录。因为,列出目录,读者可以从中看出毕业论文内容的梗概、论点的安排、整体的布局、各章节的联系,给人以清楚的轮廓。同时,目录可反映出毕业论文的纲要,是毕业论文各个部分内容的缩影。因此,目录应列出通篇毕业论文各组成部分的大小标题,分别层次,逐项标注页码,并包括注明参考文献、附录、图版、索引等附属部分的页次,以便读者查找。

(三) 摘要

摘要是毕业论文内容的基本思想的缩影,作为毕业论文的简要介绍,摘要对于篇幅短的毕业论文是可有可无,但对于篇幅较长的毕业论文则是不可缺少的。摘要的写法一般分为两种:一种是放在毕业论文的正文前面,称为摘要或提要;一种是排在毕业论文正文的后面,称为摘录。摘要或摘录都要提示毕业论文的主要内容,包括论点、论据和论证方法。好的摘要应全面反映毕业论文的要点,文字要简洁、明确、畅达。

(四) 前言(或绪论)

前言是毕业论文的开头,又称引言、绪论或序,是三段式论文的第一段(后两段是本论和结论)。它是毕业论文不可缺少的主要组成部分。前言要求简明扼要,讲清本文的写作动机,与本课题相关的前人成果和知识空白,本论文的内容、意义、理论依据和实验设备条件,所采用的方法及想要达到的目的等。与一般论文比较,毕业论文的前言在写作内容方面,除上述内容外还必须强调以下三点:

(1) 对课题的研究背景和选择这一课题的原因要作详细说明;

(2) 要综述与论文主题密切相关的文献,以求反映作者研究工作的范围和质量,显示作者对文献的分析能力、综合能力和判断能力;

(3) 简要说明研究工作的界限、规模和工作量,供指导教师了解全面情况。前言要简明扼要,意简词精,一目了然,切忌有"才疏学浅""水平有限""一定有疏忽之处,请予指教"之类的"过于谦虚的客套话",以及自封什么"达到了"或"接近了""世界"或"国内"先进水平一类的评述。

(五) 本论

本论是作者展开论题,表达作者研究成果的部分。它是毕业论文的主体、核心,作者的观点和主张在这里进行分析、论证,反映毕业论文的价值水平。

毕业论文因其研究的学科、内容的不同而需采用理论型和实践型等不同的文体结构形式,因而,本论部分的内容与写法就有很大的差别,形成毕业论文的各种类型。也就是说,本论是区别毕业论文类型的主要标志。下面分别简述理论型论文和实践型论文的本论部分结构形式。

1. 理论型论文

理论型论文的本论一般包括论点、论据和论证三个部分。

论点是作者对所论述的问题提出主张和看法,是需要加以阐述和说明的观点。

论据是作者建立自己观点的理由和依据,是用来说明自己观点的革命理论、科学道理、有关资料、数据和图表等。论文所用的一切理论要完整、正确,资料要真实、确切、适用。

论证是作者用论据说明论点的过程。也就是作者运用归纳法、演绎法和类比法等逻辑分析方法,阐明论据与论点之间的内在联系的过程,是作者用论据科学地证明自己论点的正确性和科学性,使论点得以成立的过程。

2. 实践型论文

实践型论文的本论部分一般包括理论分析,实践资料、手段和经过,实践结果分析和讨论等三个部分。

在理论分析部分中:一要详细说明理论分析中所提出的假说、所使用的分析方法和计算方法,阐述理论分析时所作的假说及其合理性;二要指出所应用的分析方法,哪些是已有的,哪些是经过自己改进的;三要说明在计算方法上哪些是应用已有的方法,哪些是经过自己改进的方法。

在实践资料、手段和经过部分中,要详细介绍实践的资料、方法及经过等基本内容。以实验为例,既要介绍实验采用的原料、材料、样品、试剂等,又要列出实验所用的设备仪器及操作过程和方法,并说明研究过程中实验的变化因素及其考虑的依据和设施等。

在实验结果和讨论部分中:一要列出必要的实验数据;二要介绍实验数据处理方法和误差分析的论述;三要介绍从试验结果中引出的必然结论和推理及其适应范围;四要与计算结果比较对理论分析部分进行论证等。

(六)结论

结论是全篇的总结,是论文的全面概括。结论是从理论和实践分析,以及实验结果中分析、归纳出的科学结论。结论要准确、完整、鲜明,要以本文的论述为基础,但较本文的表述更精练、更集中、更典型、更有价值。因此,措辞要严谨,逻辑推理严密,文字要鲜明、具体、确切。

(七)参考文献

参考文献反映了作者严肃的科学态度和真实参考的科学依据,体现了对前人的成果的尊重与继承。因此,我们对那些重要的、学术性强的、在"讨论"中所引用过的文献一般都应列出来,要按先后次序标明论文中所引用前人的文章、数据、论点、资料等参考文献的出处。

根据文献资料的来源不同,应注明其不同的内容。

(1)学报、期刊的内容,应注明作者的姓名、期刊名称、年、月、日、卷序、期次和起讫页码。

(2)会议记录和资料汇编的内容,应注明作者的姓名或发言人的姓名、会议记录或资料名称,以及会议时间和资料出版时间。

(3) 技术报告的文献,应列出技术报告的代号和编号,作者的姓名、年份、页次。

(4) 档案资料的文献,应注明"档案资料"名称及其存放单位和编号。

(5) 单位论文的文献,要注明作者、论文出处(包括出版年份、卷、期、页次)。

(6) 书籍的文献,应写出编著者、书名、出版社及其地址、出版年份、页次。

(7) 论文集的文献,应写明论文作者、论文集书名、主编者、出版社及地址、出版年份、页次。

(八) 答谢(或致谢)

对于毕业论文的指导教师,对毕业论文曾提过有益的建议或给予指导过的同学、同志与集体,都应在毕业论文的开始或结尾部分书面致谢,其言辞应恳切、实事求是。

(九) 附录

有些内容复杂、篇幅较长的毕业论文,在文章之后带上一个附录,附上不便放进正文的重要数据、表格、公式、佐证等资料,供读者作为阅读论文的参考。

毕业论文最末要署上作者的姓名及所在单位,以表明作者付出了辛勤的劳动,以示对毕业论文的负责,同时,也便于教师评定成绩及同行相互联系。

三、毕业论文的总体原则

要撰写一篇好的毕业论文,作者除要经历一个艰辛的创造性劳动过程外,还必须遵循以下原则和要求。

(一) 内容要正确、客观、富有新意

内容要正确、客观、富有新意,也就是要求毕业论文的内容必须具有科学性、客观性和创意性。

1. 科学性

科学性就是要求毕业论文的作者正确地反映客观事物,并揭示出规律。这就要求作者的论述是系统的,而不是零碎的;是完整的,而不是片面的;是首尾一贯的,而不是前后矛盾的;是经过实践检验的、科学的,而不是主观臆造的。科学性主要指毕业论文的观点要正确、鲜明,论据要确凿、翔实(详细而确实),论证要合乎逻辑。

(1) 论点要正确、鲜明

在毕业论文中,无论是证明还是反驳,论点必须正确。同时,论点也必须鲜明,作者赞成什么反对什么应当清楚地表示出来,不可含含糊糊或泛泛而谈。进行论证时,要鲜明地摆出论点,并紧紧围绕它进行论述,从而得出使人信服的结论。批驳谬误的毕业论文,就要设法把谬误在文章中突出出来,使论敌的观点明确集中,然后紧扣论敌的观点,一层一层地进行驳斥、批驳,使读者容易接受。这就要求作者切实地从实际出发,运用辩证唯物主义和历史唯物主义的观点和方法观察问题、分析问题、解决问题,提出合乎客观实际的结论,不得带有任何个人好恶的偏见,切忌主观臆造。

(2) 论据要确凿、翔实(详细而确实),要足以证明观点的正确

一篇毕业论文,如果没有充实的论据,只泛泛地发议论,即使观点正确,也不能使人信服,这种议论是苍白无力的。作者要使自己的观点立得起来且立得牢固,必须依据真实可靠的论据来支撑。如果材料不正确,还会得出错误的结论,这会比没有材料更有害。因此,作者在选择论据上必须下功夫,既要大量地查阅资料,又要认真地研究资料,核实每一个论据,引用文献资料要忠于原文,切忌断章取义,要以最充分、真实有力的论据作为立论的依据。

(3) 论证要合乎逻辑

毕业论文的论证要合乎逻辑,使证明或反驳都具有不可辩驳的力量。论证就是用论据来说明论点,揭示论点和论据之间的内在逻辑关系,把问题分析透彻,道理讲得明白,叙述自然且合乎逻辑。这就要求作者在论述过程中要善于运用证明和反驳的方法,进行周密的思考,严密地组织资料,充分地阐述论点与论据之间的逻辑关系,准确地反映客观事物的规律。

2. 客观性

客观性就是要求作者一切从实际出发,以客观事实为基础,对自己所研究的课题进行周密的调查研究和科学实验,要从调查和实验所获取的大量真实可靠的资料、数据中研究、分析、提炼出论点、选取资料,并运用马列主义的立场、观点、方法进行逻辑论证,最后归纳出结论。一切观点、意见、结论必须建立在客观事实的基础上,切忌主观臆造、面壁虚构。即使是假设性的毕业论文,也必须以充足的事实、真实的资料作基础,要具有客观性。

3. 创造性

创造性就是要求作者要富有新意,能在毕业论文中提出新见解,解决新问题,不能人云亦云。一般具有下列条件之一者,就可以算具有创造性:

(1) 对本专业学科领域内的某一问题提出了自己一定的认识和看法,具有一定的理论意义或实际意义;

(2) 使用新颖的论证角度或采用了新的实验方法去研究别人已研究过的问题,得出了给人以启迪的结论;

(3) 虽然立意一般,但有重要的新资料、新事实披露;

(4) 用相关学科的理论较好地提出并在一定程度上解决了本学科的某一问题;

(5) 运用本学科的知识解决了实际生产、生活中的某一问题,有一定的实效,或为实际生产、生活中某一问题的解决提供了新观点、新数据;

(6) 全面归纳总结了别人的研究成果,提出自己的新见解;

(7) 善于总结,从囊括全面的资料和观点中,梳理出结论性论点。

总之,观点正确、客观、富有新意是对毕业论文乃至所有的学术论文在内容上的要求,这也是毕业论文的价值所在。

(二) 结构要严谨、条理清楚、逻辑性强

论文结构要严谨、条理清楚、逻辑性强,必须做到纲举目张、顺理成章、井然有序。

1. 纲举目张

纲举目张,是指毕业论文的观点要统帅资料,资料要足以阐明观点,观点同资料高度统一,这是论文结构的要诀。

"纲"就是指毕业论文的总论点。它是毕业论文的灵魂和统帅,一定要清楚、显豁、高举。这样分论点(小论点)就会各就各位,像"目"一样"张"开。因此,写毕业论文就是要把大论点、小论点考虑清楚,安排妥当。特别是小论点反映事物的各个侧面,一定要全、圆、严,没有一点缝隙、漏洞。

2. 顺理成章

顺理成章,是指顺乎"理"而论,自成文章。写毕业论文要顺着"理"的道路(思路)讲下去,自然可以成为文章。没有"理"不成文章,理不"通"更不成文章。只有把论点、论据、论证很好地结合起来,讲(论述)观点时有资料的支持,选用资料时要围绕所要说明的观点,论证过程要严谨、富于逻辑效果,做到据理而论、言之成理,即为"顺理成章"。

3. 井然有序

井然有序,是指毕业论文要条分缕析,层次清楚。条理不清、缺乏逻辑是毕业论文的大忌。论文结构一定要有先后顺序,毕业论文与文学创作有所不同,最讲究条理清楚、逻辑性强。

(三) 体式要明确

毕业论文因其本身的文体性质决定了以下基本规定性。

在结构项目上,一般都不会超出以下各项目:题目、署名(略)、目录(或节段标题)、摘要、本论、参考文献、结论、答谢(或致谢)、附录等。一些篇幅短小的毕业论文可以省去部分项目。

正文部分在内容及表述方法上各不相同。毕业论文有专题研究、综合论述、提出假说、批驳谬误、科学实验、社会调查等不同形式。它们在内容和表达方法上各有不同,但都有议论文正文部分的共同特点,即必须具有论点、论据、论证三要素。此外,毕业论文还要有一个好的"开头"和"结尾"。"开头"要有气势,单刀直入(开门见山,直奔主题);"结尾"要利落,不能拖泥带水、画蛇添足。

(四)要充分表明自己的学术水平和科研能力

毕业论文是评价作者学术水平和科研能力的一种尺度,毕业生应从以下方面努力。

1. 集中精力,尽心尽力完成论文课题

论文水平能反映作者的学术水平和科研能力。丰硕的研究成果是反映作者学术水平和科研能力的重要标志,也是撰写毕业论文的根基。毕业生应花气力,高度重视毕业论文写作过程中的科研工作。

2. 课题研究要运用最优化途径和方法

研究成果虽然与研究者的学术水平和科研能力有密切的关系,但研究者若不能运用最优化途径和方法,则往往事倍功半,花钱多,时间长,效果差。只有选用最优化途径和方法才能收到事半功倍的效果。

3. 要注重理论上的分析提高

能否撰写较高质量水平的论文,取决于作者理论水平的高低。通常情况下,理论水平高的人,其学术水平高,研究能力强,就能把握事物的本质和规律,能阐明自己的新观点、新见解。相反,理论水平低的人,毕业论文就事论事,讲不出其所以然。因此,在撰写毕业论文的过程中,要注重理论分析。

4. 要注重学习和运用当代科学研究的新观念、新技术和新方法

敏锐的洞察力是获取科研成果的重要因素,是一个人学术水平和科研能力的具体表现。而敏锐的洞察力在于迅速跟上科技发展的新潮流,善于学习科技新成果,灵活运用当代科技研究的新观念、新技术和新方法。因此,作者要想提高毕业论文的学术水平和科研能力,必须在毕业论文中着力运用当代科学研究的新观念、新技术和新方法。

第三节 毕业设计的内容、要求和原则

一、毕业设计的具体内容

毕业设计的具体内容主要包括以下四个方面。

(1) 收集资料、查阅文献,即根据课题要求收集、查阅各种文献资料,了解有关技术政策,对设计对象及其有关原料、产品、仪器设备、能源等条件进行必要的调查研究。在这个基础上运用已学的各种知识和技能进行综合、分析、比较,构思设计方案。

(2) 拟订设计方案,包括对设计原理及方针进行论证,进行工艺、设备及各种参数的计算等。

(3) 绘制有关图纸。

(4) 撰写设计任务书等。

毕业设计因其学科类别不同,不同的专业对学生完成毕业设计的内容、要求也不同。下面介绍机械专业和自动化、电子、仪表专业的毕业设计内容要求以供参考。

(一)机械专业毕业设计内容

1. 开题及准备

开始设计阶段前,应安排毕业生有一定的时间,结合课题下厂实习及收集资料,在设计中要注意培养学生向生产实际学习的能力,并重视查阅各种技术资料与文献,了解有关经济政策。

2. 完成设计任务书和图纸

设计任务书的内容主要包括以下六个部分。

(1) 绪论。

(2) 工艺部分,包括:原料和产品的特性;生产方法与流程的简短说明、附流程图;生产过程中的操作条件。

(3) 设备或机器设计部分。

① 设备设计,包括:设备型式(型号样式)的选择与论证;设备材料的选择和论证;设备的工艺计算和论证;设备的结构设计及论证;设备的机械计算;设备附件选择或设计;设备的技术综合指标;设备的技术条件;设备中某些技术问题的讨论或研究。

② 机器设计。根据实际选题,参考设备设计部分予以灵活掌握。

(4) 测量控制部分,包括:设备的测量控制点;测量仪表的名称;测量方法控制指标和要求等。

(5) 安全技术和防护技术要求。

(6) 参考文献。

图纸的内容大体包括以下两个方面:

(1) 典型设备或机器的装配图,包括总装配图(机械或是主要部件装配图);

(2) 典型设备或机械的主要零件图。

（二）自动化、电子、仪表专业毕业设计内容

1. 查阅文献和收集资料

设计前学生必须认真查阅文献和收集资料，了解有关技术经济政策，本工程的情况，国内外自动化、电子发展水平，仪表的制造质量和供应情况，国内外同类型工厂的发展情况，当前生产中的经验、革新和研究成果，然后运用已学过的各种知识和技能进行综合分析，在比较各种方案经济效益的基础上，确定经济上合理、技术上可靠且切实可行的设计方案。

2. 工艺控制流程图的制定及各种仪表的选型

(1) 检测点及调节系统的确定。在熟悉工艺的基础上合理地确定检测点被调参数、确定调节系统类型和调节偏差允许的范围。

(2) 仪器仪表选型和新技术、新产品的采用，根据参数在工艺生产和操作上的重要性确定仪器仪表、调节器的形式，说明新技术、新产品的采用依据，正确选择安装地点。

(3) 阐明声光报警系统和联锁（工程术语）保护系统的确立依据。

(4) 编制控制测量仪器一览表。

3. 节流装置、调节阀以及比值调节系统和控制系统的计算

(1) 说明有关计算的工艺参数的确定依据。

(2) 根据系统要求对各调节阀和节流装置进行计算，并分别编制节流装置和调节阀的设计计算书。

(3) 进行比值系统或其他复杂系统仪表系数的计算。

4. 控制室及仪表盘的设计

(1) 根据具体情况，确定控制室规模和设施水平，确定它的位置，力求经济、美观、实用。

(2) 进行非定型表盘的设计和定型表盘的选型，并说明它们的确定原则。

(3) 确定便于操作、管理、清晰美观的仪表布置。

5. 信号联锁保护系统的设计

根据生产操作规律设计信号报警系统和联锁保护系统的线路，并论证系统的价值与意义。

6. 其他主要的工程技术问题

(1) 仪器、仪表供气系统的设计。

(2) 各种仪器、仪表设备防护措施的确定。

(3) 绘制图纸。设计图纸的张数应根据设计任务而定，学生在毕业设计中至

少需绘制以下五种图纸：

① 带控制点的工艺流程图；

② 仪器仪表屏（屏幕）正面布置图；

③ 仪器仪表背面电气接线图；

④ 继电信号联锁原理图；

⑤ 复杂控制系统图。

各类图纸规格及符号必须符合国家统一设计标准和要求。

7．毕业设计任务书的内容

（1）设计指导思想及依据。

（2）工艺流程和环境特征。

（3）技术水平和控制方案的确定。

（4）仪器仪表及调节器选择原则。

（5）仪器仪表一览表。

（6）调节阀及节流装置设计计算书。

（7）重要的复杂调节系统的选用说明。

（8）设计存在的问题及改进意见。

（9）参考资料及其他"附件"。

二、毕业设计的要求

毕业设计在内容、语言和设计任务书的写作上均有严格的要求，具体来说，必须做到以下三点。

（一）内容要庄严、严谨、科学

毕业设计与其他工程（产品）设计一样，从方案、图纸及其解释与说明的书面资料都是一种技术性文件。技术性文件要求内容庄重、严谨、科学，必须确切地表达出事物的本质特征，以及这一事物和那一事物的区别性，不允许有任何差错，因为，设计上的任何差错会造成不应有的经济损失，严重的还可能造成人身事故，设计是负有法律责任的。

因此，这就要求绘图准确、清晰，叙述客观、有分寸，避免绝对化。

（二）语言要精确、简洁、清晰、平实

毕业设计要更精确地表达所反映的事物及其规律，既要述明事物定性的确切性，又要表达出事物数量上的差异性。所以，毕业设计要求语言要精确、简洁、平实，切忌形容、夸张和含糊其辞，并把自然语言符号系统和人工语言符号系统（技术性术语图表、公式等假定性符号）结合使用，效果更佳。

（三）设计任务书的写作上要处理好详略关系

设计任务书在处理详写与略写的关系上与其他文体不同。对设计所依据的原理可以略写，在理论方面也不作发挥，而对于设计所涉及的技术方面的问题却要详细地写清楚，对于零部部件的计算要极为重视，就连一个小孔的尺寸和位置等一些细枝末节也不可忽视。这种写法与论文恰成鲜明的对照。

三、毕业设计的总体原则

毕业设计的总体原则包括以下四个方面。

（一）方向性原则

所谓方向性原则，是指毕业设计课题选择的都是为了满足当前社会发展和人类生活的需要。进行毕业设计时必须坚持这一工作方向。每个学生在接到下达的设计任务书时，首先必须弄明该设计课题在社会发展和人类生活需求中所起到的作用及其应达到的水平和标准，这是进行毕业设计的前提和基础。那种对社会发展和人类生活不需要的，或在当前条件下无法实现的课题设计，是毫无意义的，是不可取的。因此，与其他工作一样，毕业设计必须坚持为社会发展和人类生活的需要服务的方向。

（二）科学性原则

所谓科学性原则，就是把毕业设计看作一种科研工作，其任务在于揭示客观世界的发展规律，正确地反映人们认识世界和改造世界的水平。毕业设计的科学性原则主要体现在两个方面。一是毕业设计要受自然科学的基础理论的制约。自然科学的基础理论是自然界客观事物发展的基本规律的总结，反映了一定阶段的科学发展水平，它为毕业设计乃至一切科学研究提供了理论依据和指导，而对于违背自然界客观规律的技术设想予以限制和约束。自然科学的基础理论是进行毕业设计的理论基础。二是要求毕业设计自始至终坚持实事求是，一切从事实出发，设计方案要以充分的事实为依据。

（三）可行性原则

所谓可行性原则，是指在进行毕业设计的过程中，必须考虑社会生产力水平、政治环境和有关法律规定等客观因素的制约，努力使自己的设计方案成为可行。因为，毕业设计同其他的工程（产品）设计一样，设计者一开始就必须想到如何使自己的劳动变成可靠的设计方案，而绝不能让它变成一堆废纸，白费力气。任何设计方案都要受到社会生产力水平的制约，需要社会为其提供合适的材料、必要的加工设备和技术能力。如果超出了社会生产力水平，单纯追求技术指标，即使再好的设计方案,也无法变成现实,而只能束之高阁。要将设计方案变成现实,还要求设计方案符合政治环境和有关法律的要求,以取得设计方案合法存在的权利。

(四) 经济性原则

所谓经济性原则,是指毕业设计要坚持以最少的人、财、物资源创造最大的经济效益和社会效益。这就要求设计者在设计过程中考虑所有的设计方案,而选择其中的最优方案,即经济、实惠的方案。因为,人类社会的需求是适应一定的经济规律的,为人类社会的需要而进行的设计方案,只有为人类社会产生一定效益,才能得到社会的承认,才是可行的方案。

第四节　写作中的几个技术性问题

一、毕业论文与毕业设计的誊写(打印)要求

毕业论文和毕业设计要求按照一般书稿的规格、体例誊写(打印),其具体注意事项如下。

(1) 誊写(打印)的字迹要工整,文字要规范,不可潦草马虎,滥用、误用简化字、异体字或生造汉字;文中的标点要准确;规格要统一,汉字数字的运用要统一,文章的规格前后要统一等;誊写(打印)完后要认真校对,以防误誊(誊抄誊写)、错誊。

(2) 文稿要完整。一般要用同样规格的稿纸誊写或打印清楚(以学校统一印制的毕业论文稿纸或打印规格为宜)。标点符号写在行内,每一个占一格,一般横着写为好。

(3) 不要用铅笔(包括红蓝彩色铅笔)写稿和勾改(勾画修改)。勾改必须注意整洁清楚。如模糊不清或勾改过多者应誊清。涂去(涂改掉)后再恢复的字句,最好重新写出,少用或不用三角形符号,通常在电脑上修改就省去了这些麻烦。

(4) 章节标题层次及同级标序码,必须段落分明,前后一致。除篇、章、节以外的分层序码,可参照下列规格:

第一档:一、二、三……

第二档:一)、二)、三)……

第三档:(一)、(二)、(三)……

第四档:1.、2.、3.……

第五档:(1)、(2)、(3)……

第六档：①、②、③……

还可增加拉丁字母 A、B、C……和罗马字母Ⅰ、Ⅱ、Ⅲ……为序数。全书的章节、辅文、注文、参考文献的编排次序的数目与序数必须统一，要防止数字与数字之间的混淆。

二、毕业论文与毕业设计的引文要求

毕业论文的引文既要注意出处的权威性，一般要摘引自经典著作、科学公理、定义；又要注意内容的正确性，引文的内容要完整、准确，切忌断章取义、贴标签、庸俗化、把错误认作正确的论述。誊写（打印）之后，要进行认真的核对，做到准确无误，并写好注释。在写引文的注释时，要遵照书稿的统一规格，例如：

(1) 引用经典著作中的文句，要按照作者的姓名、书名（或篇名）、集名、卷数、版本（出版社名、年份）、页码的先后次序注明。

(2) 引用古籍，原则上应标注出作者的姓名、书名、篇名，没有篇名的注卷数。篇名写在引号内，其间加中圆点。词牌名附有题目的，也可以用中圆点分隔。

(3) 引用报刊文章的文字，依次注明作者的姓名、篇名、报刊名称、年月日或期数、页码。

凡是排在同一页上接在一起的几个引文，如果引自同一本书（或文章）：如页码不同，第一个引文按规定格式作注释，以下可依简写"同上书，第×页"；如页码一样，则写"同上"即可。引在原书上如果跨页，在标注页码时用连接号"～"，如"第 25～27 页"；如原文散见两页，页码用顿号。如"第 25、27 页"。如果全文反复引用一本书的文句，第一次按规定作标注，以后只注明该书页码。当书名、篇名过长时，第一次出现时可用全称，同时注明"以下简称××"，以后各标注都可以用简称。

(4) 引文注释分为页末注（脚注）、文末注（段落末或篇后注释）和文内注（夹注）三类。页末注排在本面的最下边，与正文之间排一条附注界线，一般从顶头写。文末注的段落注释是写在每一段的后面，一般使用"注"字或"注 1""注 2"等；篇后注是排在每一篇章后的，编制一个顺序。文内注一般用小号字体，穿插在引文的后面。

(5) 选用整篇文章的出处，排在最后。如采用期刊的用法："原载《中文信息》杂志××××年第×期"。

三、运用时间词的要求

在一般情况下，毕业论文中的时间应运用具体日期，避免用时间的代名词，如

"今年""明天""本月"等,也要避免用交代不清楚的时间概念,如"上月以前""前年以后"等。

年份一般用全数,不得省略。如"2014年"不得写成"14年"。

写作时参考旧资料,必须弄清资料中的日期及有关事实,避免失误。尽量避免采用如"靠近""不久以前"等不确定性用语。

在运用我国历史上某个朝代的年号时,要加注公元年份。如"清道光二十年"应写成"一八四零年(清道光二十年)"。

要准确地运用时态助词。如"了"字表示动作变化已经完成,"着"字表示动作变化正在进行着。

四、表格、图、照片的规范要求

绘制曲线图、结构图、示意图、方框图、流程图、记录图谱等可参考以下的习惯做法。

(1) 选用图必须少而精,绘图必须科学,线条必须准确无误,主次分明。

(2) 图的纵横坐标比例的选择和原点的位置,即图的高宽比和曲线所占的位置与形状,应该十分注意。

(3) 凡是经过实验的判断是自变量的,应画在横轴上,参变量画在纵轴上;凡是代表时间和与时间含义相当的物理量一律画在横轴上。

(4) 除统计图和变化过程不呈现函数关系的情况外,凡是连续变化规律的数据,首先应画成光滑曲线,而不应将实验点连成折线。

(5) 图必须有简明的图题。纵横坐标必须注意注明标度及坐标轴所表示的物理量名称、符号和量纲单位。除方程图等外,图内尽可能不标注文字解释和说明等。必要时,可在图内标注代号(如 A、B……),说明文字则作为图注列入图或者标题下边。

(6) 同一组变量的曲线可以合并成一个图,以便于比较。

(7) 图必须给读者以美的感受,不要使人望而生厌。照片图要求主要显示部分和主题轮廓鲜明突出,清晰美观,反差适当大一些,不要有杂乱的背景,不要在照片上或底片上写字和标注符号,不要用糨糊或胶水贴在稿子上,以免错乱。而应在照片的反面用软铅笔写明图号、放大倍数、图名和作者的姓名,并标明上下,现在普遍使用电脑输入和编排插图,这些麻烦都可以避免了。

表达实验数据的表格应精心设计,项目一律横排于表头。数据依序竖排,内容由左至右横读,项目也可以归并为必要的大项。制表时有以下习惯可供参考:

(1) 实验结果已用图表示了的一般不再列表,表中内容不必在正文中再作说

明,尽量避免重复;

（2）每一个表要有序号和名称;

（3）表头各项目一般要有名称、代号和量纲单位,表内数据的数字后不再附注单位;

（4）如有需要说明的细节,可用脚注列于表下,脚注序号用"1)、2)……"标注于相关词的右上方。

其他有关表达实验结果的方法：如有照片和图版(图版是企业在产品设计制造时使用的一种模板,如服装企业中使用的服装各部位的图版模板),均应经过精选,遇有数字式和化学方程式,应该注意转行的规定和不要赘述不必要的中间运算和变化过程。

第二章　怎样撰写毕业论文

> 　　学生撰写毕业论文,是在教师的指导下,围绕课题进行现场观察、社会调查、科学实验的基础上进行的。毕业论文由于各个论题所论述的内容不同,使用的论文结构形式也不相同,因此,在写法上可以不拘一格。学生根据自己研究的内容及选用的论文结构形式,用最好的方式表达、撰写。但是,毕业论文又是学术论文的一种,归属于议论文体的类别,尽管文体结构多种多样,写法千姿百态,但仍未超出议论文写作的基本步骤和方法。
> 　　因此,毕业论文与其他的议论文一样,其写作步骤包括拟题、写作准备、编写提纲、成文、修改定稿、准备答辩和装订成册等七个步骤。

第一节　毕业论文的写作步骤

一、拟题

拟定题目是写作毕业论文的起步,论题定得恰当与否,直接影响整个论文的写作,关系论文的质量和效益。

不同的课题所采用的方法不同,撰写毕业论文的方法也不同,它对拟定标题的要求也不相同。关于如何选择题目,选题的重要性、原则和方法等,将在本章第二节中进行介绍。

二、写作准备

论文题目确定之后,应围绕论题作一系列准备工作。由于理论型论文和实践型论文的研究方法、表现方法和手段不同,因此,它们的写作准备工作的要求和内容也有所不同,现分别介绍如下。

（一）理论型论文的写作准备

理论型论文是以理论阐述为主的论文。构成论文的主要是论点、论证、论据三个要素,并通过逻辑推理和假说来完成。因此,理论型论文的写作准备主要是分析资料、确立论点。

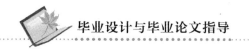

1．科学地分析资料，建立正确的论点

所谓论点，就是作者对某一事物的基本观点。论点与资料的关系十分密切：一方面论点来自于反映某事物的大量资料，这是确立论点必须凭借的客观条件和物质基础；另一方面，我们要对收集、占有的大量资料，运用科学的逻辑分析法和统计分析法，对其进行去粗取精、去伪存真、由此及彼、由表及里的加工处理，对事物由感性认识"升华"为理性认识，才能提炼和确立出正确的论点。

2．精选论据

收集来的资料很多，要尽可能多地精选那些足以证明论点正确的资料，这些资料一定要真实、确凿、典型、恰当，其具体选择方法将在本章第三节中进行介绍。

（二）实践型论文的写作准备

实践型论文着重于实践过程的描述，包括实践目的、实践要求、实践场地、实践手段，把实践的经过和结果进行描述与分析，最后得出结论。因此，实践型论文的写作准备着重在对实践资料的加工整理。

具体来说，应做好如下各项准备工作。

1．计算与列表

把以往进行实验、调查所作的计算和所得的结果重新进行检查和核对，将计算结果列成表。

2．绘图

许多的实验结果用图表示非常直观明显，有助于进行比较、分析、解释和讨论，能起到文字难以起到的作用，尤其是实践型论文的写作用绘图表示更是有益。

3．提出结论性意见

要仔细研究与题目有关系的图、表和分类的叙述性观察记录，进行分析比较，找出各项因素之间的关系，提炼出对研究结果的解释意见，并写出笔记。

4．修正审定结论

为使结论准确、客观，必须对暂时性结论进行修正、审定。一方面要反复对已取得的材料进行验证，另一方面根据需要和可能补充一些实验对结论进行验证。如果发现有例外、差异或反常现象，应及时修改结论。

5．及时做好笔记

在进行上述检查与核对工作的过程中，每有见解即做笔记，以免事后忘记了当时的灵感，并分类整理编排，供写作时选用。现在很多的学生都在使用手机录音录影，记录一些资料和数据，这大大方便了毕业设计和毕业论文的写作过程。

三、编写提纲

草拟提纲是毕业生撰写毕业论文的重要环节。所谓提纲，就是作者根据其确立的论点,选取相应的资料,把观点和资料排队,综合成一个先后有序,前后思路清晰,能够说明问题的论文轮廓。这个轮廓如果停留在脑海里就称为腹稿,如果将腹稿用文字的形式按照一定的顺序有纲、有目、有资料地记载下来,就是提纲。

所谓草拟提纲,就是在原有构思的基础上,进一步根据论题要求,审思全文的布局、观点与材料的排列,论文的逻辑展开,对所收集的大量资料进行取舍、增删、调整等,从而把资料组成一个层次清楚、有严密逻辑关系的理论体系。

提纲在写作毕业论文时起着重要的作用。有了提纲,行文就有所遵循,文章的起始、结局、分合、详略、衔接在作者的心中就有数,写起来就全局在握、目标明确、思路流畅、得心应手、一气呵成。有了提纲,作者可以从自己的实际情况出发选择写作论文的程序和方法。

编写提纲的内容、步骤、方法和要求将在本章第五节中进行介绍。

四、成文

成文,即指写作论文的初稿。成文就是根据论题要求,按照提纲的次序,把观点、资料组织好,把问题说透彻,使之成为一个有血有肉的、完整的有机体。写作论文初稿的好坏对论文的质量有直接的影响。

起草毕业论文,关键是写好本论部分。在写本论部分时必须注意以下四点:

(1)内容方面应具有本课题应有的论点、论据、论证等。

(2)结构上应合乎逻辑,顺理成章。即先有资料,然后有概念、判断、推理,最终形成观点。

(3)写作上要注意辞章,要用准确、鲜明、生动的词句把文章表达出来,简明精练,通俗易懂。

(4)在写作时间上,写作本论必须在完成认识某一客观事物的过程中形成正确的观点、规律和理论,实现预期的研究目的之后才进行,而不能在研究工作的开始或中途就写。否则,是写不出好文章的,即使写出来了也必然是东拼西凑或胡说八道,不切合本题,违反认识规律。

五、修改完稿

毕业论文写完初稿后不会十全十美,必须经过认真修改、反复锤炼,才能成为一篇好论文。修改文章是对课题认识的深化过程,是定稿的基础工作,又是毕业论文写作过程中的关键环节。修改功夫如何,直接关系毕业论文的质量。

修改论文,就是要找出文章的毛病和掌握修改文章毛病的方法。关于修改毕业论文的方法和内容将在本章第六节中进行介绍。

六、准备答辩

答辩是毕业论文写作过程中的最后一个环节,答辩能否通过,以及答辩水平的高低,直接影响毕业论文的成绩。答辩的成绩是构成毕业论文成绩的重要因素。而答辩的成绩又取决于答辩前的准备及答辩中的临场发挥。因此,必须引起我们的高度重视。

准备答辩包括思想准备、答辩内容准备和物质准备,其具体内容将在第四章"毕业论文和毕业设计的答辩与指导"中进行介绍。

七、装订成册

毕业论文写成后要装订成册,并要按一定的次序排列。

(一)毕业论文要装订成册

按照高等学校毕业论文的教学要求,学生的毕业论文修改定稿后,必须抄写或打印两份,一份送交指导教师审阅评分,一份交资料室存档供日后查阅。毕业论文要保证完整性,防止出现掉页和磨损的现象,如今这种情况会越来越少,毕业论文打印好了应立即装订起来。通常要求抄写或打印的纸质要坚韧,要选用标准A4开本210mm×297mm的纸张,最好是用高等学校专门印刷的毕业论文稿纸,并加上较厚一点的封面纸装订成册。毕业论文封面参考式样参见表2-1。封面后用毕业论文评审登记表作为扉页,供填写毕业论文评审意见,其格式参见表2-2。

表2-1 毕业论文封面参考式样

```
            ××大学××学院
             × × 毕 业 论 文
                (201×届)


        论文题目_____


        院    系_____
        专    业_____
        年    级_____
        学生学号_____
        学生姓名_____
        指导教师_____


             ××××年××月××日
```

表 2-2　毕业论文评审登记表参考式样

论文题目				选题方向	
学生姓名		所学专业		定稿时间	
院　系		班　级		论文字数	
指导教师		职　称		研究方向	
论文内容提要					
论文评审意见	评审人（签名）：　　　　　　　　　　××××年××月××日				
院系领导意见	院系领导（签名）：　　　　　　　　　××××年××月××日				

（二）毕业论文装订成册的内容次序

为了统一、美观和便于评审、查阅，装订毕业论文必须按照统一的次序排列，常见的参考排列次序是：

(1) 封面；

(2) 扉页或毕业论文评审登记表；

(3) 目录；

(4) 内容提要；

(5) 正文；

(6) 参考文献

(7) 附录或附件；如果论文的附录或附件材料较多，也可将附录或附件单独装订成册，作为论文的副本；

(8) 衬页；

(9) 封底。

第二节 选择题目

一、选题的重要性

撰写毕业论文,首先遇到的问题是写什么。"写什么"的问题就是毕业论文的选题。毕业论文的选题,是指学生在指导教师的指导下确定的论述范围或研究方向,是解决"写什么"的问题。选题是否合适直接影响毕业论文的质量或水平,其重要性体现在以下两个方面。

（一）选题是写好论文的关键

美国哈佛大学教授威尔逊曾说过："所谓优秀科学家,主要在于选择课题时的明智,而不在于解决问题的能力。"有人还说,选择好科研课题,论文就成功了一半。由此可见选择课题的重要性。

盲目选择课题,作者常常会写不下去。如果选题不科学、不合理,就会导致整个工作无意义或者长期得不到结果。确定一个合适的选题,作者会愉快地从事调查研究,收集资料,动手写作。有的学生的选题范围太大,超过了自己的水平能力,结果是"老虎吃天,无法下爪"。

（二）选题为工作实践奠定基础

撰写毕业论文,是毕业生运用在学校学得的理论知识来解决实际问题,是为毕业后继续从事理论探讨和科学研究作准备。一个好的课题,如果研究得比较透彻,就会为毕业后从事该项工作带来很大的方便,并且容易获得成果。如有一位毕业生,根据自己毕业前从事农业的实际工作,撰写了题为"开发庭院经济,帮助农民脱贫致富"的毕业论文,结果写成了一篇优秀论文,并为当地制定农村脱贫致富政策起了很好的参考作用。毕业后,他继续研究这一课题,很快取得了显著的成果。

二、选题的原则

要能够正确而恰当地选题,必须遵循选题的有关原则。一般来说,毕业论文的选题应遵循以下原则。

（一）客观性原则

所谓客观性原则,是指毕业论文的选题要紧密联系客观实际,符合事物发展的规律。

选题的客观性原则包含以下两层意思。

一是我们必须在客观现实确实存在的事物中选题。如有一位毕业生在撰写毕业论文时以《试论××地区企业"三角债"的成因及其对策》为选题。文章不仅顺利地通过了答辩,对解决"三角债"的实际问题起到了一定的作用。

二是选题必须符合事物发展的客观规律。如果选题违背了客观规律,即使是大科学家,也不会撰写出好的论文来。如牛顿在晚年由于受唯心主义世界观的影响,转而研究"上帝存在"的论题,结果一事无成。

(二) 创造性原则

创造性原则主要体现在选题的难度和新见解两个方面。

一是选题要有一定的难度,要有利于挖掘作者的潜力,发挥其创造精神。选题如果要求太低,就不可能撰写出好的论文。就像在树下伸手可摘的果子,人人都能摘到的未必是好果子,而不被人发现或不易摘到的果子才可能是好果子。

二是要有所创新,在前人的基础上有所突破,提出新见解,为此,要做到两点:一要认真查阅资料,积累知识,了解他人在这个领域已有的发现和成果,避免重复工作;二要积极思索,不思索不可能有创见。

(三) 科学性原则

科学性原则,是指我们选择的课题要有科学价值。

选题的科学性可以从以下三个方面进行考虑。

1. 现实价值

毕业论文选题的现实价值体现在以下三点。

(1) 根据现实需要选题

在生产实践、科学实验中,总有一些亟待解决的问题,我们可以从中选择论文课题。如毕业生撰写了题为《浅谈工业企业物价管理》的毕业论文,对企业加强物价管理起到了指导作用。

(2) 对现有观点进行补充和完善

事物总是不断发展变化的,前人并不可能都预先论述完了,即使已确定的理论在新条件下也未必正确,还需要不断进行完善。如牛顿的力学三定律是经典物理学的根本法则。但是,这个理论却无法揭示时空、物质、运动和引力之间的统一性。爱因斯坦在前人已取得的成果基础上创立了相对论,解决了这一问题,使人们的认识从宏观低速领域扩展到宏观高速领域。

(3) 纠正流行说法中的谬论

流行的观点(或称伪科学)虽为大多数人所认可,但未必都是正确的。如"大跃进"时期,有人提出"人有多大胆,地有多大产"的口号,把当时的小麦亩产报到了1万斤,这显然是违背科学常识的谬误。对伪科学的纠正,就是对科学的捍卫。

2. 历史价值

毕业论文选题的历史价值,是指选择写历史题材的论文而言的。也就是在历史研究领域中,对历史事件、历史人物,以及某些说法的评价。如清代的"洋务运动"曾被人们认为是卖国性质的,按今天的观点就要具体分析了。

3. 学术价值

毕业论文的学术价值体现在对学术问题的探讨上,如对经典著作中某些议论的考证;对历史人物生评、事迹的考证;对古典作品所具有的学术思想的探讨等。

(四) 可能性原则

可能性原则,是指毕业论文的选题必须与自己的主观条件相统一。每个人的知识水平、兴趣爱好、实践经验、资料占有等情况各不相同,我们一定要从自己的实际情况出发确立合适的选题。具体来说,可能性原则是从以下四个方面进行考虑:

(1) 选题要利于发挥自己的知识特长;

(2) 对选题要有浓厚的兴趣;

(3) 选题要考虑收集和查找资料的可能性;

(4) 选题要尽可能早一些,留有充分的时间。

三、选题的方法

毕业生往往面对一大堆毕业论文参考题感到茫然或无所适从,不知自己究竟应选择什么样的选题。这与科学的选题方法有很大的关系,归纳起来,选题方法有以下三种。

(一) 选择利于展开的问题

所谓利于展开的问题,就是利于启发写作思路,容易写出新意,便于阐发自己的独特见解的论题。这样的问题一般包括以下两个方面。

(1) 前人没有研究过的问题。研究这类问题作者可以独辟蹊径,不受约束,思路任意驰骋,论题容易展开。

(2) 能引起争鸣的问题。这类问题针对性强,有的放矢,目标清晰、明确,有利于内容的展开。

(二) 选择大小适宜的论题

所谓论题的大小,是指论题包含论证对象范围的大小和程度。毕业论文的选题,一定要坚持量力而行、循序渐进、由浅入深、由易到难的方法。毕业生不要贪大贪深,选择与自己的知识水平和能力无法驾驭的论题,其结果虽洋洋万言,实则华而不实。有的毕业生认为论题选小了分量太轻,这是片面的看法,小题也可大作,写出有分量的杰作。

（三）利用灵感思维去选题

灵感思维,是指凭借直觉而进行的快速、顿悟性的思维,或者偶然受人脑的显意识发出的指令信息的诱导,就可能使潜意识活动跃入显意识,形成灵感思维。灵感思维具有模糊性、突发性、偶然性和独创性等特点。

人们常常利用灵感来发现论题,寻找研究方向和写作方向。如牛顿看到苹果从树上掉下来,寻找到了万有引力的研究课题。利用灵感思维选择毕业论文的选题的方法有以下四种：

(1) 追踪热线法；

(2) 暗示右脑法；

(3) 寻求诱因法；

(4) 西托(似睡似醒状态)梦境法①。

第三节 收集材料

一、材料在论文中的作用

选题确定之后,就要根据题目要求收集材料,即解决用什么样的内容来证明作者的观点和看法的问题。再好的选题,没有材料也就无法动笔。材料在论文的写作中具有以下作用。

（一）材料是构成文章的要素

材料,是指作者为了某一写作目的,收集到或写入文章之中的事实和理论依据。事实,是指来自于社会生活与社会实践的具体事实和结果,属于直接材料；理论依据,是指前人总结出来并经实践证明了已是正确无误的道理、定理、原则等,属于间接材料。

论文的内容包括材料与主题,形式包括结构与语言、表达方式。内容是主要的,第一位的;形式是用来反映内容的,是第二位的。论文内容中的材料与主题的关系是非常密切的。主题是在材料的基础上产生的一种抽象理念,主题是第一位

---

① 选自《中国思维科学丛书》,指灵感思维学中诱发灵感的方法。

的,但材料也更为重要。主题好似人的灵魂,材料好像人的血肉,灵魂脱离开血肉就无可依托。可见,论文没有材料与主题就会成为无本之木、无源之水。

一篇好的论文,首先应该材料充实,让人有一种血肉丰满的感觉。材料在科技论文中要占全文70%以上的文字。

(二) 材料是产生、表现主题的基础

我们撰写论文的目的,总是要表达某种思想、观点或认识。而这种思想、观点或认识都是从实践中获得的大量材料中概括、总结出来的。离开了社会实践,缺乏丰富的、合乎客观实际的材料,就不可能有文章主题的产生。

总之,材料是文章的要素,是产生和表现主题的基础。只有充分认识了材料的重要性,并在材料工作上下功夫,占有尽可能多的材料,在写作时才能文思不竭,写出好文章。

二、材料的收集与鉴别

(一) 材料的来源

文章是社会存在的反映,社会客观存在是文章材料的来源。具体来说,作者获取写作材料不外乎两个方面:一是从自己的社会实践中去获取,这是直接方式得到的;二是通过阅读和研究已被前人实践证明了的正确理论、观点和学说而获取的间接材料。作者直接获取和间接获取的材料,对于写不同类型的文章,其侧重点也不尽相同。如文艺作品的作者,社会生活是其作品材料最主要的来源;而学术论文的作者,直接材料和间接材料对其都非常重要。

(二) 收集材料的原则和方法

占有材料是写文章的基础。日新月异的当今社会,知识量呈几何级数增加。我们要想在繁多的材料中收集到自己需要的材料,就必须遵循一定的原则和方法。

1. 收集材料的原则

收集材料的原则有以下四点。

(1) 明确目的

明确目的,是指作者要根据写作的范围、对象来收集自己所需求的材料,不能漫无目的地收集。

(2) 注重新颖

注重新颖,是指论文的内容要表现新事物、新思想、新问题,有独特的见解,使读者受到启迪。

(3) 着眼价值

着眼价值,是指在收集材料时,必须注意那些对写论文有实际用处的材料,这样方能事半功倍。

(4) 注意准确

材料准确与否直接影响论文的质量,特别是对于科学性极强的学术论文。只有准确、真实、无误的材料才能得出正确的结论。

2. 收集材料的方法

收集材料的方法在这里主要介绍以下两种。

(1) 观察和调查。观察和调查,是指作者深入社会实践,亲临现场抓第一手材料,这是获取写作材料最基本的方法。

观察,是指作者以第三者的身份对客观事物进行了解和认识。调查,是指作者以主体身份出现,对客观事物进行了解和认识。调查比观察的目的性要强,时间相对短,地点相对固定,是一种获取第一手材料的好方法。

调查的类型有单项调查、专项调查和综合调查等。调查的方式有普遍调查和非普遍调查。非普遍调查又包括重点调查、典型调查、抽样调查等几种。调查的方法有开会、访问、现场勘察等。

(2) 利用笔记、摘录、卡片、资料剪辑、目录、索引等有效方法。

(三) 材料的鉴别

材料的鉴别,是指作者对收集到的材料进行认识和分辨,是使材料去伪存真、去粗取精的过程。通过材料鉴别,剔除材料中的伪、粗、略部分,留下真、精、优部分,以提高论文的质量水平。

鉴别材料的主要方法有以下三种。

1. 查核

查核,是指查证、核实,是确定材料是否真实、准确的好方法。

2. 比较

比较,是指通过对同一类材料进行对比,以确定材料的正误、优劣的方法。

3. 鉴别

鉴别,是指对材料进行具体、细致的分析研究,是鉴别材料的真伪,作出合乎实际的结论的方法。

三、材料的选择和使用

(一) 材料选择的原则

材料的收集鉴别工作叫作占有材料。在占有材料之后,还要对它们进行细心的选择与恰当的安排,以阐发、说明、论证主题。对占有的材料进行取舍,即为选择。

选择与鉴别是有区别的。鉴别属于占有材料的范畴,是作者对收集来的材料的真伪、优劣等的认识,而选择则体现作者对已有的材料,即对已经鉴别的材料根据需要进行取舍,两者是有区别的。选择材料,贵在一个"严"字。

一般来说,选择材料应遵循以下四条原则。

1. 根据主题需要决定取舍

选择的首条标准,就是要根据文章主题的需要,决定材料的取舍。因为,主题是一篇文章的灵魂,是作者的目的所在,作为支撑"灵魂"的材料,必须与"灵魂"一致。所以,和主题有关并能有力地说明、烘托、突出主题的材料就留下,否则就舍去。

2. 选择典型的材料

通过个别反映一般,通过典型反映共性,这是所有的文章反映现实生活和客观事物的一条共同规律。一篇论文的写成,不能什么材料都用,必须选择典型的材料才能有力地表现主题、说明问题。一叶落而知秋,一燕来而春至。选材不在于多而在于精、在于恰当,不能不分主次、轻重,单纯追求数量。

3. 选择真实、准确的材料

毕业论文的写作对材料的真实性和准确性有很严格的要求。

"真实"有两层含义:一是材料必须符合客观事实,资料必须可信可靠;二是材料必须反映事物的本质,而不是个别的、偶然的东西。

"准确"是说选择的材料可靠无误,确凿无疑,既符合历史实际,又具有客观真实性。

4. 选择新颖、生动的材料

社会在发展,时代在前进,新生事物层出不穷。撰写论文也应研究新情况、新问题,采撷新颖生动的材料,才能吸引人、打动人。一篇论文,如果使用的材料尽是一些"陈谷子""烂芝麻",是尽人皆知的"老"材料、"死"材料,则内容就不会有新意了。

(二) 材料使用要灵活、巧妙

同样的材料,不同的使用方法会产生不同的效果。材料的使用直接关系主题的表现,不能掉以轻心。使用材料重在一个"活"字。材料吃得透,运用就灵活;笔下功夫深,材料就生动活脱。

一般来说,使用材料要注意以下三个方面的问题。

1. 要详略得当

论文材料的使用应根据主题决定详略。主题是材料使用的重要依据。例如,能够直接而深刻地表现主题的材料要详写;与主题关系不大的材料要写得概括、简略;新颖的、鲜为人知的材料要详写;熟悉的、尽人皆知的材料宜略写;论述型论文一般使用概括性材料;综述型论文的材料要细致。

2. 要有逻辑顺序

撰写论文,不能把所有的材料杂然并存,得把它们分类、排队,然后有条不紊地一一叙来。分类排队时,一定要考虑材料的作用大小、时间的先后、材料间的逻辑联系等因素。如果不考虑这些因素,写出来的文章必然条理不清,层次不明,另读者感到茫然。

3. 要错落有致

错落有致,是指交错使用相关的各类材料,互相印证,互为补充,以充分表现主题,同时又可使文笔灵活多变。只有善于使具体材料、概括材料、正面材料、反面材料、现实材料、历史材料、理论材料的互相搭配、交错使用,材料方能珠联璧合、相得益彰,进而充分表现主题,文章也才能生气勃勃、事理交融。

总之,材料积累要丰富,选择要严格,使用要灵活多样,只要建设好材料库,毕业论文的写作才有坚实的物质基础和保证。

第四节 标题、论点和论证

一、标题的确立

标题又称题目,是毕业论文的有机组成部分,也是毕业论文的眉目。"题"是前额,"目"是眼睛,前额和眼睛都是人身上最显眼的、不可缺少的有机组成部分。同样,题目是毕业论文不可缺少的组成部分。

(一)标题与主题的联系

毕业论文的标题是对论文的思想内容最集中、最鲜明、最精练、最高度的概括。它对于突出毕业论文的主旨,表达思想内容,吸引读者的注意,有着十分重要的作用。

毕业论文的标题与主题之间有着十分密切的联系,这种联系主要表现在:主题通过标题反映;标题为主题服务。具体来说,标题与主题的关系有以下三种情况。

1. 标题直接揭示论文的主题

主题是论文的灵魂和统帅,论文的标题直接将论文的主题揭示出来,就可以使读者清楚地了解论文所要说明的基本论点或中心论点,如"论科学技术是生产力的现实表现""改革创新是发展生产力的必由之路"等。

2. 标题用提问的方式强调论文的主题

提问式的标题强调论文的主题,可以使读者产生急于读下去的兴趣并给人以鲜明的印象,如"生产力三要素的价值分析"。

3. 标题标明论文写作的内容和范围

标题标明论文写作的内容和范围,可以使读者对论文所涉及的主要内容或范围一目了然,有助于读者理解文章的内容,如"企业与世界经济接轨的实践研究"。

(二)标题的形式

毕业论文的标题形式较多,一般常用的基本形式如下。

1. 正标题

正标题又称总标题,是与副标题、小标题相对而言的。正标题的表现形式为单行标题,多数毕业论文都是采用这种标题形式,如"完善企业领导新体制的几点设想"。凡没有副标题和小标题的标题均不称为正标题,而称为标题或题目。

毕业论文的正标题分为以下三种类型。

(1)论题型

即题目标明毕业论文所要论证的问题或被论证问题的范围等,如"论知识分子是工人阶级的一部分""论青年是企业改革创新的主体"等。

(2)论点型

即题目本身就是毕业论文的论点,标明作者对问题所持的基本观点和主张,如"生产资料优先增长是一个基本规律"等。

(3)关系型

即题目标明某种需要论证事物之间的关系。这种关系既可以是辩证的,也可以是递进的,还可以是选择的或并列的。其格式一般为"××与××""××还是××",如"论企业工人的平凡与伟大""资本输出是一种侵略还是一种援助"等。

2. 副标题

副标题常用于具体说明毕业论文的内容和范围,一般还起着对正标题进行补充、说明或加以限制的作用。副标题的位置一般是附设在正标题之后,转行,文字前最少缩进两个字符加上破折号,如:

  一项极其重要的工作　(正标题)
    ——浅论水土流失现状及其对策　(副标题)

3. 小标题

小标题又称分标题或插题,是分别穿插在毕业论文中的小标题。小标题有使毕业论文层次清楚、重点突出、更加醒目、减少过渡文字和缩短篇幅的作用。一般来说,内容丰富、篇幅较长的毕业论文,多在某些段落的前面加上一个小标题,以对所述内容作一概括。有时,在段落前也可不加小标题,而只用"一""二""三"等序号分开。

在具体使用标题形式时,要根据毕业论文的内容和篇幅长短等情况灵活运用。

(三)标题的要求

毕业论文的标题的基本要求是贴切、醒目、新颖、简洁。

1. 贴切

贴切,是指拟定标题要切合毕业论文的主题或内容,反映毕业论文的实质。要使标题贴切,就要使标题充分反映主题。

2. 醒目

醒目,是指引人注意,给人以一见难忘的印象。要使毕业论文的标题醒目,一般应当使标题生动、鲜明地表现毕业论文的内容,使标题具有时代特色,有较强的视觉性。

3. 新颖

新颖,是指大胆创新,不落俗套,给人以新鲜感。这就要求标题的形式要新,构思要巧,表达要奇。

4. 简洁

简洁,是要求标题尽量精练,要有高度概括性。恩格斯曾说过:"我认为,标题愈简单,愈不费解,便愈好。"可见,标题的简洁是好标题的一个重要标志。

二、论点的确立

论点是毕业论文三大构成要素之一,它的确立直接关系毕业论文的质量水平。

(一)论文的中心论点

论文的中心论点,即常说的论点。它是作者在文中的观点、见解和主张,是作者在收集大量的材料后,对材料进行分析研究形成的见解和提炼的结晶。

确立毕业论文的论点,首先要确立全文的中心论点。中心论点是全文的"纲"和"灵魂",其重要性有以下三个方面。

(1)中心论点处于"一身之主"的地位。我们衡量一篇毕业论文的质量、价值、效果等,就是看它的中心论点如何。

(2)中心论点贯穿全篇,统帅全文。一篇毕业论文材料的取舍、结构的设置、语言的适用,乃至标题的拟定,都要根据中心论点的需要加以确定。

(3)中心论点是属于全局性的东西,具有战略意义,只有它才能贯通首尾。"举一纲而万目张",一篇毕业论文只能有一个中心论点,其他的论点只能是下位论点或分论点。

分论点从属于中心论点,它具体深入地阐释和证明中心论点。分论点之间的关系有三种类型:第一种是分论点之间是并列关系;第二种是分论点之间是递进关系;第三种是以上两种的交叉,分论点之间既有并列,又有递进。

(二)中心论点的要求

中心论点的具体要求主要有以下四个方面。

1. 正确

正确,是指中心论点要坚持大方向,符合时代潮流,坚持四项基本原则,符合党和国家的路线、方针和政策,有利于国家建设,推动社会主义事业更好地向前发展。

2. 深刻

深刻,是指中心论点对所要反映的问题透彻深入,击中要害,揭示本质,提出带有普遍意义的和方向性的根本问题,并提出解决问题的方法。

3. 集中

集中,是指中心论点要单一、明确和突出。一篇毕业论文只能有一个中心论点,也就是文章的"致力点"和主攻方向。多中心是毕业论文写作的大忌,不能面面俱到。

4. 新颖

新颖,是指中心论点与众不同,逻辑联系彼此孤立。

三、论证的种类和方法

(一)论证的种类

1. 事实论证和理论论证

按论据的不同性质划分,论证可分为事实论证和理论论证。

事实论证,是指论文是以事实为主的论证。它要求作者选择事实要真实、典型、全面,以增强说服力。

理论论证,是指论文是以理论论证为主的论证。它要求作者不仅具有较高的理论素养,而且所引用的理论必须是真理,具有科学性。

2. 正面论证和反面论证

按论证的不同角度划分,论证可分为正面论证和反面论证。

正面论证是以真实、典型的事实作论据,从正面说明论点的正确,通常叫作"证明"。

反面论证,是指运用事实和科学理论作论据,从反面揭露和批驳错误的论点,从而说明自己的论点正确的论证方法,亦称"反驳"。

证明与反驳,其实质都是为了证明自己的论点正确,因而它们是互相联系的。

3. 直接论证和间接论证

按论据和论点之间的不同关系划分,论证可分为直接论证与间接论证。

直接论证是用论据直接说明论点的正确错误,不"绕圈子";间接论证是用论据证明与原论点相对立或相关的论点的错误(或正确),从而确定原论点正确(或错误)的一种论证方法。

4. 归纳论证、演绎论证和类比论证

按论证过程中所运用的逻辑推理形式的不同划分,论证可分为归纳论证、演绎论证和类比论证。这些方法在"论证的主要办法"中将作较详细的介绍。

(二)论证的主要方法

论证是用论据证明论点的过程,论证方法则是用论据证明论点的具体方法,即作者采用什么方式来证明论点。本书只从逻辑推理形式划分的三大类方法作介绍。

1. 归纳论证

归纳论证是以归纳推理为依据,对一类相同(相近)或相反的若干个别事理进行概括和总结,从而得出一个具有普遍意义的结论(论点)的论证方法。

归纳论证法主要有例证法和对比法两种。

(1)例证法

例证法就是用真实的、典型的、具有普遍意义的具体事实说明论点的一种论证方法。运用这种方法时,必须注意事例要真实、典型、新颖,要尽力发现那些与论点不符的反例,避免得出错误的结论。

(2)对比法

对比法是把同一事物的不同情况或不同事物的相同情况作为论据进行比较,从中归纳出正确结论的方法。对比可以横向比较,也可以纵向比较,还可以两者并用。这种方法的优点是对比强烈、泾渭分明,便于作者表达鲜明的立场和观点。

2. 演绎论证

演绎论证,是指在毕业论文中根据演绎推理来组织论证的方法。这种方法比较多,这里只介绍以下五种。

(1)引证法

引证法就是引用科学原理、经典作家的论述、有生命力的成语、格言等作为理论依据来证明论点的方法。引证法和例证法有相似之处,但不同的是前者运用理论作论据,后者运用事实作论据。

运用引证法时有两种情况：一种是直接引用，即原文照录，用引号标名；另一种是间接引用，即引用大意。

(2) 分析法

分析法是通过对论题所包含的事理进行剖析，揭示其内在联系，使论点得到证明和深化的方法。分析的方法有定性分析、定量分析、阶级分析、角度分析和层次分析等。这里只介绍角度分析法和层次分析法。

角度分析法是从不同侧面去考察那些表面上与论题无关的但实际上相关的内容，使论题得到全面、深入的展开的分析方法。层次分析法则是对一个论题进行由表及里、由浅入深、从现象到本质的分析。

(3) 假言证法

假言证法又叫反证法，它是先假设出与所要证明的论题相矛盾的反论题，然后，证明反论题是错误、虚假的，这是从反面证明原论题的正确性和真实性的一种演绎证明方法。

(4) 选言证法

选言证法又叫选择法或淘汰法，就是通过确定与论题相关的论题的虚假，从而证明原论题正确的一种方法。

(5) 归谬法

归谬法就是从被反驳的论点出发，引申、推导出一个或几个更加荒谬、错误的结论来予以驳倒，从而证明被驳论点不能成立的一种论证方法。

3. 类比论证

类比论证是将两个或两类事物进行比较，揭示它们之间的内在联系，从而达到论证目的所采用的一种论证方法。类比与对比的共同点都是对事物进行比较，得出结论。不同点是对比着眼于正反对照，以明辨是非；类比则不同，是以此证彼，把某些属性相同或相似的事物进行比较，阐明道理。

第五节 草拟提纲

撰写毕业论文，在收集材料后动笔写作前，一般都要经过编写论文提纲的过程，这是毕业论文写作的一个重要环节。

一、编写提纲的意义

(一) 提纲有利于作者理顺思路

思路是思维活动的轨迹。作者在确定论文题目以后，面临零乱的、不系统的材料还不能写成论文。这时，作者需要进行精心、周密、细致的思考，形成一条明晰、畅达、连贯的思路。所以,编写提纲的过程,就是理顺思路、形成粗线条的论文逻辑联系、框架结构的过程。

(二)提纲有利于作者谋篇布局

一篇毕业论文洋洋洒洒数千字,对于一个初学写作的人来说,没有全局在胸,是难以写成的。论文提纲是由序码和文字组成的逻辑结构图。有了它,论文结构的全局才容易把握,才容易使论文中心突出、层次分明、结构紧密,有较强的逻辑力量,写作起来就容易多了。

(三)提纲可避免写作上出现大的失误

如果不编写提纲,就会出现"下笔千言,离题万里"的现象。因为作者未经谋篇布局的总体设计,对材料什么都想要,什么都想写,思想活动如脱缰的野马狂奔乱跳,无法驾驭。虽费九牛二虎之力把论文写出来,但指导教师一看,只得推倒重来,这样做既浪费时间,又花费精力。为避免论文写作发生大的失误,应先拟一个提纲交给指导教师,然后动笔再写,这样就可以少走弯路。

总之,编写提纲是毕业论文写作过程中不可缺少的重要环节,必须认真对待。

二、编写提纲的步骤

编写论文提纲,一般要经过构思、编写和修改几步。

(一)提纲构思

提纲构思包括思想内容和思想方法两个方面。

1. 思想内容的构思

论文思想内容的构思过程,实际上是论文作者对所写问题进行课题研究的过程。为此,有两点要求:一是通过课题研究,弄清所写课题的来龙去脉,这就需要了解问题的历史与现状、理论与实践、政策和工作情况、原因与对策,逐步写成为写作提纲;二是通过课题研究,激发创造性思维,使课题有新的创见。

2. 思想方法的构思

思想方法的构思,是指如何将零乱的思想梳理伸展、组织成篇的问题。思路梳理可以从两方面入手:一是根据客观事物变化发展的规律来考虑,抓住事物内部的内在联系,按照事物变化发展的逻辑顺序梳理伸展了,思路也就疏通和连贯起来了。二是根据写作意图来考虑。展开思路,结构文章,一定要服从写作意图的需要,从表现主题思想出发。文章的布局、结合顺序、穿插分合、开头结尾都是为了主题。

(二)提纲编写

毕业论文的提纲,一般应包括以下四个部分。

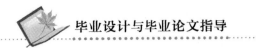

（1）论文标题及副标题。

（2）论文的写作意图，包括选题理由、价值、中心思想、总论点等。

（3）内容纲要。这是提纲的主要内容，也是论文结构的骨架，包括从哪些方面，以什么顺序论述总论点，大的部分安排妥当之后，再逐个安排每个部分内的下位论点，直到段一级，并写出段一级的论点句。例如：

第一部分：论点

论据一；论据二；论据三；论据……简要结论

第二部分：论点

论据一；论据二；论据三；论据……简要结论

第三部分：论点

论据一；论据二；论据三；论据……简要结论

（4）主要参考资料（略）。

编写提纲的过程，就是对论文的构思用序号和简明扼要的文字再现于纸上的过程，是对思路的加工、整理、提高的过程。

修改是编写过程中重要的内容，通常编写与修改同步进行，最终修改结束，编写过程才能算结束。

三、论文提纲的构建方法

毕业论文分专业论文和调查报告，由于它们的文体不同和写作要求不同，其提纲框架的构建也应有所不同。

（一）专业论文提纲的编写

专业论文是毕业论文的主体，是用立论（或驳论）、论证、说理的形式对所学或所感的问题发表见解，阐明立场观点，提出对策措施。它要求观点鲜明，理论深刻，论证严密，见解独到，结构严谨，丝丝入扣。下面介绍四种专业论文提纲构建的常用方法。

1. 提出问题、分析问题、解决问题的三段式

如题为《承包企业短期行为的症、诊、治》的毕业论文，借用医生治病的逻辑思维过程构建如下提纲：

简短的前言引出问题：

第一部分：症（短期行为的各种表现）

一、短期生产行为

二、短期投资行为

三、短期分配行为

四、短期经营行为

第二部分：诊（产生短期行为的原因分析）

一、外部原因

(1) 指导思想的偏差

(2) 社会经济环境的影响

(3) 国家对企业约束机制弱化

(4) 承包经营责任制欠完善

二、内部原因

(1) 经营者素质不高

(2) 企业内部缺乏自我约束能力

第三部分：治（防止和克服短期行为的对策）

(1) 端正政府行为，从克服政府短期行为做起

(2) 通过治理整顿，加强对企业行为的宏观调控

(3) 健全有效的企业外部制约机制，完善承包办法

(4) 引入人才竞争机制，优选承包经营者

(5) 深化企业内部改革，强化内部自我约束机制

最后，简短的结论。

2. 辐射扩散式

即中心论点好比一个光源，向四面八方辐射、扩散，形成论文的提纲。如题为《试论会计改革》的毕业论文，围绕论文标题所引出的中心论点，从会计改革意义、改革方向、改革目标、改革方针、改革保证等方面进行论述。

3. 层层剥皮，触及核心法

这种方法遵循人们认识事物的一般规律，由现象到本质、层层深入，探寻事物发展变化的内在联系，即规律性。如题为《对××地区××××年黄酒需求量的预测》的毕业论文，不是直接预测，提出工作建议，而是层层剖析。该文的提纲如下：

(1) 调查市场，掌握黄酒需求量的相关因素，建立数学模型；

(2) 运用预测模型进行初步预测；

(3) 根据价格等因素对需求的影响，对初步模型进行修正调整；

(4) 对黄酒产销的建议。

4. 矛盾分析法

即运用揭示矛盾、分析矛盾、解决矛盾的方法，构建论文的提纲。如题为《试论资金的"紧"与"松"》的毕业论文的提纲：

前言:资金"紧"与"松"是一对矛盾
一、资金紧的表现及原因
表现:(一)、(二)、(三)……
原因:(一)、(二)、(三)……
二、资金松的表现及原因
表现:(一)、(二)、(三)……
原因:(一)、(二)、(三)……
三、实现资金"紧"与"松"转化的辩证思考
(一)思想转化:(1)、(2)、(3)……
(二)大力调整结构:(1)、(2)、(3)……
(三)强化税收征管
(四)认真清理"三角债"
(五)引导人民适度消费,增强社会购买力
(六)提高产品质量,增强竞争能力
最后,简短的结论。

(二)调查报告提纲的编写

调查报告是大学生毕业作业的形式之一。调查对象应选那些有一定典型意义的,有一定分量的社会政治经济现象。调查要有一定的时间跨度和空间跨度,对问题的分析研究应有一定的理论深度,所得出的结论应具有一定的实际指导意义或科学价值。绝不能浮光掠影,只看事物的表面,也不能三言两语草率应付。

作为毕业论文的调查报告,常见的形式有以下四种。

1. 典型经验检查

典型经验检查的写法一般是过去怎么样,现在怎么样,经验体会有哪些。如题为《艰苦创业的成功之路》的毕业论文,在简短的前言中以数字对比形式写出了该厂在国家压缩生产任务的条件下所取得的主要成绩,接着全文以调查得来的大量事实详细总结了该厂的基本经验若干条,突出了"艰苦创业的成功之路"这个主题。

2. 问题调查

这类调查一般由问题与对策两部分组成,也可以由问题、原因与对策三部分组成,中心是揭示问题、对症下药。

3. 新事物调查

这类调查多用夹叙夹议的方式,既有议论文的某些特点,又具有调查报告的某些特点。如题为《农业剩余劳动力转移问题初探——××镇农村劳动力转移调查》的毕

业论文的提纲是：

（1）××镇农村劳动力现状；

（2）农业劳动力转移中心问题；

（3）对农业劳动力转移问题的几点探索。

4．专业调查

此即对某些专门性、专题性、专业性问题的调查。如题为《××市企业社会集资的调查与思考》的毕业论文，其提纲由三大部分组成：

（1）××市企业集资状况；

（2）社会集资中存在的问题及其成因分析；

（3）加强社会集资的管理和导向。

四、提纲的要求

所谓毕业论文提纲的要求，是指毕业论文的提纲经过构思、编写，其框架结构应当是个什么样子。对毕业论文提纲的要求包括以下三个方面。

（一）要详略得当

一般来说，毕业论文的提纲应详细一些，应把大、分、小三级论点都尽可能地列出来，这样就好写。但是，提纲毕竟是提纲，也不可太详细。

（二）表现形式要规范

一般来说，提纲各部分、各层次有以下六种形式：

（1）隔行式；

（2）数字标码式；

（3）标题式；

（4）序号标题式；

（5）句子式；

（6）序号句子式。

整篇毕业论文的提纲，就是用序号、标题、句子组成一组逻辑体系。

（三）要具有综合性、整体性

毕业论文的提纲是论文谋篇布局的总体设计，应当具有综合性和整体性。所谓综合性，是指提纲要把论题、观点、材料、结构组成一个统一的结合体。所谓整体性，就是所编提纲的各部分不是机械相加、彼此孤立、互不相干，而是要从整体出发，统筹安排，纵横相连，首尾呼应，层层紧贴，丝丝入扣。

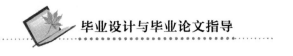

第六节 起草、修改与定稿

一、毕业论文的起草

草拟毕业论文,必须要确定毕业论文的表现角度和掌握毕业论文的谋篇艺术。

(一)毕业论文的表现角度

毕业论文有以下两种不同的表现角度的方法。

1. 属于"立论"范畴的有两种写法

一是把握精神,全面剖析,即对某一论题作前前后后"面面观";二是抓一点作重点阐发,即选择某一有意义的问题、某一薄弱环节或某一新颖角度,深入讨论,发表自己的见解。

2. 属于"驳论"范畴的有两种写法

一是选择有争议的选题,比较各种不同论点的得失优劣,树立自己的正确观点。二是选准"靶子"批驳陈说,即将对手的某一错误论点作为"对立面"批驳其谬误、偏颇之处,在批驳之中"立"起正确的论点。

在起草毕业论文选用表现手法时,还应注意以下三点。

1. 首尾照应,浑然一体

毕业论文的开头,应提出问题,随后分析议论,最后提出解决问题的办法,作出综合性的小结。毕业论文的结尾要紧扣开头,回答开头提出的问题,概括全篇大意,点明主题,强调要点或引出新的论点,给读者以启迪或作出行动的结论。

2. 刻意创新,不落俗套

毕业论文的写作,一定要充分发挥创造性才能,设计出新颖脱俗、精巧多样的篇章。文贵在新,特别是毕业论文的开头非常重要,应避免因袭前人、墨守成规的做法。

3. 注重文气畅通,文采华美

过渡是使文章畅通的重要手段。要把一段段文字、一层层意思衔接得严丝合缝,聚合成浑然一体的文章,就必须运用好的过渡。过渡的方法有以下三种:

(1)关联词或转折语(如"因为""所以""虽然""但是""然而""相反地"等);

(2)过渡句;

(3)段落。

要做到文采华美,可用排比、重复强调等修辞手法,以突出重点;在该使读者产生特殊感情的地方,则应不惜笔墨。

(二)毕业论文的谋篇艺术

所谓毕业论文的谋篇艺术,就是在大量掌握材料的基础上,根据毕业论文的选题,"纲举目张"和"顺理成章"。

1. 纲举目张

论文结构的要诀在于"纲举目张"。"纲举",就是要高举提纲这面旗帜。"纲"是总论点、中心论点、主题、灵魂和统帅。总论点摆开,分论点就各就各位,像"目"一样"张"开。"张""目"的布局要做到全、圆、严、滴水不漏,形成一张严密的网。

2. 顺理成章

没有"理"不成文章;理不通,也不成文章;顺理而论,自成文章。要达到顺理成章,须注意以下四点。

(1)论证的说理性、逻辑性和论点、论据、论证完整齐全。

(1)观点和材料要统一。

(3)引文要准确。引证要准确无误,忠于原作,不可断章取义,随意删改。引文必须注明出处。加注方式有四种,即段中注、页末脚注、章节附注和全文或全书附注。加注的内容包括作者、书名或篇名、出版时间、页码等。

(4)行文、用语要严谨、有分寸。

二、毕业论文修改的方法

任何人写文章也不可能一下子尽善尽美,使正确的思想内容同完美无缺的形式一下子统一起来。只有通过精心修改、反复锤炼才能克服缺点,使文章日臻完美。

修改文章是写作的重要环节,它贯穿在每篇文章的写作过程之中。任何好的文章都是改出来的。有的文章修改十几遍,甚至几十遍。毕业论文修改的方法有以下四个方面。

(一)统观全文,着眼全篇

修改毕业论文,要从文章的全局出发,通盘考虑各部分内容及其表达方式,对于大大小小的修改都要从是否有利于更正确、更有力地去表现文章的主题去衡量。为此,在修改过程中,我们要反复进行研究。

(二)朗诵推敲

汉语的字、词都有音韵和声调,好的语言总是音节和谐、感人上口的。文章写的是自己的话,采用朗诵推敲的方法,常常可发现其中的不足之处。因为文章"理不足读不下去,气不盛读不下去,情不真读不下去,词不雅读不下去,起处无用意读不起来,篇终不混茫读不了结",许多文学大师都喜欢用朗读来修改文章。

(三)搁置琢磨

搁置琢磨是在初稿完成后,暂时搁置数天,等自己的头脑冷静下来,思想也跳出初稿的框框后,再拿出来仔细琢磨修改。这时就比较容易发现初稿的毛病和不足。

(四)征求意见,相互切磋

虚心听取别人的意见,与师友互相切磋,也是一种修改文章的好方法。因为我们修改自己的文章总是从个人角度出发,对自己的文章容易"私于自是,不忍于割截",难以找出毛病,只有使用此法可以克服上述问题。

三、毕业论文修改的内容

毕业论文的修改包括文章的思想和形式两个方面。思想内容方面的修改,主要是对主题、观点、材料的进一步斟酌、变动、增删;形式方面的修改,是指结构的调整、语言的润饰和表达方式的修改。

(一)主题的改动

修改毕业论文必须首先审查主题的提炼是否正确,是否达到了应有的思想高度;仔细斟酌主题表达得是否鲜明、集中。如果发现主题不正确或抓得不准,就必须重新认识,对全文进行重大的修改,甚至推倒重写。

(二)观点的修改

观点是文章的灵魂。对于毕业论文的初稿,指导教师首先要审查其观点是否正确,提法是否恰到好处。因此,毕业论文的作者首先要进行观点的修改。观点修改有以下三种情况。

1. 基本观点错误

基本观点,是指文章的基本论点或总论点。基本观点错误,其他一切论点、论据都不足以成立,整篇毕业论文也就站不住脚了。如一篇题为《中国封建社会长期落后的原因剖析》的毕业论文,作者的基本观点是中央集权的专制主义是造成中国封建社会长期落后的根本原因。作者对"中央集权"和"专制主义"两个概念认识不清,认为"中央集权"必然导致"专制主义",造成"中国封建社会长期落后"。由于该毕业论文的基本观点错误,全文就失去了科学性。

对于这样的毕业论文,小修小改是无济于事的。作者应该重新阅读有关资料,认真研究论题。

2. 观点主观、片面

观点主观、片面的表现形式突出的有以下三个方面。

(1) 好走极端,只顾一头

这种情况往往出现在当学术界指出某一种观点错误时,为了与这种错误的观点针锋相对,又走向另一极端,缺少辩证法所要求的全面性。例如,为了说明农民起义并不是推动中国封建社会前进的唯一动力,就根本否定农民起义的历史作用。

(2) 主观武断

有的作者往往缺乏根据或在对资料不作认真分析的情况下,就在毕业论文中妄下断语。

(3) 望文生义

有的作者对别人的学术、观点或论述,不作全面了解和认真研究,却抓住片言只语,望文生义,牵强附会,无限推论。

3. 故作惊人之笔,实质随波逐流

有的毕业论文的作者片面追求论文内容的新奇,故作惊人之笔,把一些资产阶级学术思想当作香花,还以为这是学术上的一种创新。例如,有一位学生在毕业论文中写道:"文艺家无不都在表现自我,自我表现是文艺家的神圣使命和光荣权利。自我表现得愈真实,作品就愈富于艺术感染力,这便是美的魅力。"这样的观点并不是作者的创新,康德、黑格尔等人都宣扬过这种唯心主义的美学观点。

我们提倡有新见解,但只有运用马列主义立场、观点和方法,进行艰苦的探索,才能提出科学的新观点。

(三) 材料的修改

修改材料,主要是指对毕业论文引用的材料进行增加、删减或调换。

1. 增加材料

增加材料,主要是指对文章有观点,但缺少具体材料,显得空洞、没有说服力,则需增加材料。

2. 删减材料

有人认为引用的材料越多,内容就越充实,对苦心得来的材料要删掉觉得心疼。其实,毕业论文引用的材料过多,就会显得臃肿,还会淹没观点,冲淡主题。因此,对无用的材料、可用可不用的材料要一律删去,毫不可惜。

3. 调换材料

在修改毕业论文时,发现引用的材料存在以下问题之一时就要进行调换:

(1) 材料不真实,失去了论证的力量,甚至使人对论证的正确性也产生怀疑;

(2) 材料不典型,不能确切地证明论点;

(3) 作者对材料的理解有误,强为引用。

毕业论文中引用的材料叫论据,它是论点成立的依据,是论文的重要组成部分。所以,引用的材料要求:一是必要,即引用的材料必须说明观点;二是准确,即要如实引用,不能歪曲原意,为我所用;三是合适,即材料引用要恰当,不多不少,恰到好处。

(四)结构的修改

结构是文章内容的组织和安排形式。毕业论文的结构反映了作者对论题思考的步骤。思路不清,结构就会混乱。毕业论文的结构通常由引论、本论、结论三部分组成,在这三个结构层次中,修改开头、调整层次和段落、修改结尾是相对应的主要修改方面。

1. 修改开头

毕业论文的开头,一般要开门见山:或"落笔入题",说明本文论题;或"开宗明意",提出基本论点;或"单刀直入",挑明论敌谬误;或"引类作比",切入论题;或"说古论今",切入题目。一般毕业论文易犯的毛病是兜圈子、说废话,久久不能入题。

2. 调整层次和段落

层次和段落的划分与安排,形成了毕业论文的骨架,反映了毕业论文内容的脉络和论证过程,是毕业论文结构的中心问题。毕业论文的层次要清楚,段落要分明,划分和安排要合理。否则,论点之间、论点与论据之间缺少内在的必然联系,就会使人感到意思不连贯,内容东拉西扯,论证缺乏逻辑性。这样的毕业论文就需要在结构上作大变动或小调整。大变动,是指拆散原结构,重新谋篇。小调整,是指对部分层次和段落另行划分或者调动位置。

3. 修改结尾

毕业论文的结尾与开头同样重要,它是阐述问题的终了,全篇内容的结局。巧妙地运用结尾方法,归拢全文,结而不尽,既使全文首尾圆合,又能收到"言有尽而意无穷"的效果,令读者掩卷遐想,余味深长。好的结尾应该是:或总结全文,点明题旨;或启示未来,给人鼓舞;或语意含蓄,耐人回味;或饱含哲理,发人深省。总之,要能给人以深刻印象。毕业论文的结尾或三言两语、草率收场,或当断不断、拖泥带水的,都应当进行修改。

(五)语言的修改

语言"是一切事实和思想的外衣"。对毕业论文而言,不必要求语言妙语连珠,但必须要求它通顺、不啰唆。语言的修改,一般从以下三个方面进行。

(1)改正用词不当,包括生造词语、词类误用、不辨词义、用词不合逻辑和乱加形容之类的不当词语,做到用词准确,使文字通顺、语句明白。

(2)改正句法错误,包括改正结构残缺、混乱的病句,能正确地表达原意。

(3)尽量删去不必要的字、词、句、段,做到用尽可能少的文字,表达尽可能丰富的思想,使文章言简意赅。

四、毕业论文的定稿

毕业论文经过以上修改即可定稿。定稿的构成形式如下。

（一）论文的标题

经过撰写确定好的论文的标题要求准确、简练、醒目、新颖。

（二）目录

毕业论文篇幅长的要写出目录,使读者一看就可知论文的内容。目录要标明页数,以使读者阅读方便。

（三）内容提要

毕业论文的卷头有的写序文,没有序文的要写内容提要。内容提要要求把毕业论文的主要观点提炼出来,便于读者一看就能掌握论文内容的要点。内容提要应有高度的概括力,全面反映毕业论文的要点,语言简洁、明确、畅达。

（四）正文

正文是毕业论文的主体,是毕业论文的核心,它区别于"序言""提要""注解""附录"等。

（五）参考文献

毕业论文的卷末要列出使用过的参考文献。其好处是：一旦发现引文有差错,便于查找；审查者从所列的参考文献中,可以看出毕业论文的作者阅读材料的范围和努力程度,便于考查。但是,毕业论文所列书目必须是主要的,学术性较强的。

（六）论文的装订

毕业论文的有关部分全部抄写或打印后,经审查,再没有什么问题时,即可把它装订成册,再加上封面。装订的顺序是：

(1) 封面；

(2) 衬页；

(3) 目录；

(4) 内容提要；

(5) 正文；

(6) 参考文献；

(7) 衬页；

(8) 封底。

第三章　怎样做毕业设计

> 毕业设计是高等学校培养理工科类毕业生的最后一个重要的教学环节。它既是学生综合运用所学知识和技能，解决某一个工程具体问题的一项尝试，也是学生走上工作岗位前的一次"实践演练"。因此，毕业设计在理工科院校的教学中占有十分重要的地位。通过毕业设计，可使学生得到基本的工程设计训练和培养初步研究能力；了解工程设计的一般程序和方法，提高独立分析问题和处理问题的能力，培养严谨、求实、创新的工作作风，并为学生毕业后在工作岗位上能较快地适应工作，缩短"启动"时间，能尽快地承担起工程设计任务打下良好的基础。

第一节　毕业设计的选题

一、毕业设计选题的重要性

正规的毕业设计工作，首先要选择课题，编制任务书，这是进行设计的起步工作。这步工作的好坏直接影响整个设计工作的进程及其质量的高低。做毕业设计，也同样首先要做好选题。

所谓选题，是指人们在对已获取的大量资料、信息进行分析研究的基础上所确立的科学研究方向和目标。选择课题是进行科学研究及毕业设计的重要环节和战略起点，具有重要的意义。

（一）选题是毕业设计的战略起点

毕业设计和一切科学研究一样，都是先提出问题，经过分析研究，最后解决问题。这是事物发展的客观规律。毕业设计选好课题后，才能根据课题要求，进行查阅文献资料、开展课题研究、进行构思设计、制订设计方案。最后绘制设计图纸、编写设计任务书，并修改定稿。所以，选题是起步，是领航、是"流源"。"万事开头难"，只有选好课题，开好了头，才有成功的希望。

（二）选题可以规划毕业设计的方向、角度和范围

毕业设计首先要解决"设计什么"，这是基础和前提。这个问题解决了，才

能解决"怎样设计"。有了课题,才能进行研究和构思,才能对获取的课题范围内的材料进行分析、假设和逻辑推理,从感性认识升华到理性认识。课题规划毕业设计的方向、角度和范围,决定毕业设计的方向和最终可能取得的成果。良好的选题,为做好毕业设计提供了重要的前提。

(三)选题能确立毕业设计方案的质量与价值

毕业设计的质量与价值,当然取决于设计方案的最后完成和客观的评定。但选题有其不可轻视的作用。一般来说,只有选择那些有意义的课题,才能产生社会效益,才会受到人们的欢迎。而选择那些毫无意义的课题,研究得再好,最后也只是一堆废纸。

(四)通过选题可以提高毕业设计的质量

影响毕业设计质量的因素是多方面的,其中一个重要因素取决于作者主观能动性的发挥程度。而选题是调动和发挥人的主观能动性的一个重要环节。毕业生在选择毕业设计课题时,必须调动并发挥主观能动性,重视课题的选择,这样对提高设计选题大有好处。

二、毕业设计的选题原则

毕业设计的选择,既要考虑课题的必要性,又要遵循"从实际出发,量力而行"的可行性原则。

(一)必要性原则

所谓必要性原则,是指课题的现实意义和价值。人们做任何事情,都要讲究效益,都要创造"劳动价值",无目的、无效益的工作是不会做的,"劳而无功等于白搭"。毕业设计工作也不例外,要使毕业设计的课题具有现实意义和较高的价值,一般从以下四个方面进行考虑。

(1)选择与人类社会生活和科学文化事业密切相关的课题。

(2)选择具有学术价值的课题。所谓学术价值,就是课题对社会的发展和人类的进步有积极作用,既包括对当前人类社会进步直接发生作用的课题,又包括在历史上起过重大作用或将在以后发生效益的课题。

(3)要从专业培养目标出发,符合教学的基本要求。

(4)选题要以专业课的内容为主。

(二)可行性原则

可行性原则,主要是指选题应符合主客观条件的实际,即选择的课题既要切合客观上所能提供的条件,又要是经过主观努力能够完成的,具体体现在以下两个方面。

（1）要考虑有利于课题研究的客观条件,如具备进行研究课题的物质基础条件、有指导教师、有充足的时间和经费等。

（2）发挥研究者内在的优势。如选择能发挥自己业务专长的课题,扬长避短。同时,还可以选择自己最感兴趣的课题。这种兴趣是指在科研中促使人们积极追求、探讨的一种爱好。它可以产生一种促使研究者克服困难,把问题追究到底的力量。

三、毕业设计的选题方法

毕业设计的课题不是凭空捏造的,那种凭主观臆造出来的课题是没有意义的。究竟到哪里去找课题呢?回答是:到社会实践中去寻找;到文献资料中去寻找;到自己所学的课程中去寻找。

（一）到社会实践中去寻找课题

在包罗万象、变化无穷的社会实践中,蕴藏着我们取之不尽、用之不竭的课题。只要深入到社会实践中去,注意观察周围的事物,做有心人,随时都可发现、找到科研题目。理工科院校学生的毕业设计,绝大部分都是来自社会实践,来自工农业生产第一线。

（二）到文献资料中去寻找课题

选题也是一种创造性思维,它与其他的创造性思维一样,来自作者自己坚实的知识基础。到文献资料中去寻找课题,就是要在自己阅读并研究大量的文献资料的基础上去继承和发展前人的成果。课题的获取是在丰富的知识储存与积极思维中产生的。这样,一方面从前人的思想与研究成果中获得启迪,从中发现问题,寻找研究课题;另一方面在深刻理解和掌握前人的知识与研究成果的前提下去选取那些"前沿性"课题。

到文献资料中去寻找课题的具体方法有以下四种。

1. 对比

对比,就是将许多的材料进行对比,从中发现差异,揭露矛盾,找出需要研究的课题。对比有新与旧、好与差、先进与落后、正确与错误、成功与失败、一事物的各发展阶段之间(纵向)、各事物之间(横向)等情况。

2. 追溯

追溯,就是从文献资料中去寻找痕迹或线索作为课题。

3. 捕捉

捕捉,是指将在某些材料、观点的触发下而出现的一种闪念(新观点、新见解)作为课题。

4. 寻找

寻找,是指从文献资料中寻找课题。这一般有两种情况:一是文献资料提出但尚未解决的问题;二是文献资料中的疑问。

(三)到自己所学的课程中去寻找课题

到自己所学的课程中寻找课题是寻找论题的主要途径。这既符合做毕业设计的基本要求,又容易找到课题;既有学业基础,做起来得心应手、易于完成,又能发挥特长、有用武之地。

四、毕业设计选题的特点

由于毕业设计具有独立性和依靠性的两重特性,决定了它在选题上具有以下特点。

(一)在现成的题目中选择

科研工作者的选题是自行选择或直接承担生产科研单位的研究课题,自主性很强。毕业设计因受力量、时间、经费等条件限制,不可能让毕业生到科学的大海洋里独立寻题。一般都是由学校安排指导教师,根据教学目的要求和专业培养目标,从实际出发,选编好毕业设计题目,供学生选择。

(二)课题的选择与本专业所学的课程紧密联系

毕业设计的选题不比科研工作者的选题那样广泛。毕业设计是毕业生在校期间最后一个教学环节。通过完成毕业设计使毕业生得到一次综合运用所学的各种知识和技能,比较全面地分析和解决工程技术的实际问题能力的训练,就要求课题要与本专业相结合。

(三)有教师指导

毕业设计必须在指导教师的指导下进行。从选题、准备资料,到课题设计、绘图、编制设计任务书,都应有指导教师的指导。这样,不仅节省时间,少走弯路,而且能得到指导教师的指教,正确运用科研方法,提高设计水平和研究能力,从而更好地达到教学目的。

五、毕业设计选题的要求

高等学校毕业生的毕业设计选题,必须符合专业培养目标的要求。贯彻理论联系实际的原则,尽可能选择与生产、科研或实验室建设任务相结合的工程技术课题。确有困难时,也可以选择假拟题目。具体来说,选题应符合以下基本要求:

(1)巩固、灵活地应用和扩大所学的专业理论知识;

(2)着重对学生进行一次工程师基本技能的综合训练,培养学生分析和解决

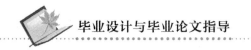

本专业工程技术实际问题的独立工作能力;

(3) 深入钻研本专业某一方面的工程技术问题;

(4) 养成态度严肃、要求严格、论证严密的良好学风。

此外,在选择研究课题时,还必须注意以下三点。

(1) 要根据个人的业务专长和兴趣爱好选定课题。因为,这样的选题设计者基础雄厚、劲头足,容易出成果。

(2) 题目宜小不宜大。毕业设计受时间与经费的限制,选题不宜太大,题目小容易搞深搞透,搞出成果。

(3) 要注意发挥自己的主观能动性和想象力,进行积极的思考。要充分运用自己的思考力(如分析、综合、演绎、归纳、分类、组合、加减、反逆、类推等)对材料进行积极的加工,进行创造性的想象,从而探索出适合自己的新课题来。

第二节 编制设计任务书和准备资料

一、编制设计任务书

毕业设计的选题确定之后,必须以设计任务书的形式落实到人。科研工作者接受了设计任务书后,就标志该课题的交办单位和承办人都已经同意。设计任务书在一定情况下还可以产生法律效力。

(一) 毕业设计任务书的内容

毕业生的毕业设计任务书,是向学生下达任务的文件,它是由领导设计的专业教研室制定,经教研室主任或系主任审批后,发给学生人手一份。其内容一般包括:

(1) 院系、专业的名称,学生的姓名;

(2) 毕业设计的目的要求;

(3) 设计的题目及主要内容(包括研究专题及技术要求);

(4) 设计的原始数据与资料;

(5) 任务书应该论述的内容;

(6) 应该完成图纸的名称、规格与数量,实验与要求;

(7) 指导教师的姓名;

(8) 顾问教师的姓名及其所负责指导部分的内容;

(9) 主要的参考资料。

(二) 设计任务书的格式

毕业设计任务书可以简单制成表格,便于填写,其参考格式参见表3-1至表3-4。

在毕业设计开始前,由指导教师指导学生拟定详细的毕业设计进度,经教研室主任批准后执行。毕业设计进度表的内容包括:起讫日期、周次;各设计阶段名称及其占工作量的百分比,各设计阶段的详细项目及其占工作量的百分比;检查周次;检查结果及学生完成设计工作的程度。

学生接到设计任务书之后,要认真了解整个设计的目的、依据、标准、内容和基本要求,同时,还要认真学习党和国家的方针政策。因为一个好的设计,不仅要技术先进、投资最省,而且也要符合国家的建设方针和技术政策。

表3-1　毕业设计与毕业论文任务书封面参考式样

```
              ××大学××学院
             毕业设计与毕业论文任务书
                  (20××届)


          课 题 名 称 _____
          专       业 _____
          年 级 班 级 _____
          学 生 姓 名 _____
          指 导 教 师 _____
          教研室主任 _____
          院 系 领 导 _____


                   ××××年××月××日
```

表3-2　毕业设计与毕业论文任务书参考内容式样

```
              ××大学××学院
             毕业设计与毕业论文任务书
                  (20××届)

院(系)_____专业班级_____学生姓名_____
一、毕业设计与毕业论文题目_____
二、毕业设计与毕业论文时间_____年_____月_____日至_____年_____月_____日
三、毕业设计与毕业论文地点_____
```

续表

四、毕业设计与毕业论文要求：

四、毕业设计与毕业论文要求：

1. 毕业设计与毕业论文的一般要求：

(1) 纪律规定方面……

(2) 文献资料与毕业设计与毕业论文开题报告方面……

(3) 合理运用文献资料与尊重他人研究成果方面……

(4) 合理安排毕业设计与毕业论文时间与确保毕业设计按期完成方面……

(5) 对设计或论文进行合理构思与写作提纲方面……

(6) 设计或论文格式规范方面……

(7) 毕业设计或论文字数要求与阅读参考文献数量方面……

(8) 毕业设计结束应提交文本资料方面……

(9) 提交毕业论文与开题报告及修改稿电子版方面……

2. 任务目的与要求：

3. 指导教师与学生的职责：

4. 毕业设计与毕业论文参考资料及其来源：

5. 毕业设计与毕业论文基本内容与研究方法要求：

(1) 研究方法与收集课题相关资料方面……

(2) 研究过程与进度安排方面……

(3) 研究思路与步骤方面……

(4) 研究的关键问题……

(5) 成果形式问题……

6. 主要参数、图纸、实验、计算等问题……

  指导教师签名   教研室主任签名

  院系主任签名   任务书批准日期

  接受任务日期   执行学生签名

表 3-3　毕业设计与毕业论文基本要求与进度安排参考式样

论文题目				选题方向	
学生姓名		所学专业		班级	
指导教师		职称		研究方向	
一、毕业论文基本要求（指导教师填写：包括学生论文应完成的基本环节及各环节要求、学生应遵循的学术规范、论文对本专业相关能力的训练要求等）					
指导教师签名： ××××年××月××日					

续表

二、学生学术诚信承诺：
郑重承诺：本论文在选题、写作、修订完稿过程中将保守学术诚信之要，由本人在指导教师指导下独立或协作完成；论文所使用的相关资料、数据、观点等均真实可靠，凡论文引用他人观点、材料均将注明出处，保证不剽窃或不正当引用他人学术成果。如有违反上述内容者，本人愿承担一切后果。 　　　　　学生签名：　　　　　　　　　××××年××月××日
三、毕业论文合作者及分工：
四、毕业论文进度安排：

阶段	各阶段内容	起止时间节点	指导教师检查签名
1	论文选题	20××.××.××—××.×× ×周	
2	论文开题	20××.××.××—××.×× ×周	
3	论文一稿	20××.××.××—××.×× ×周	
4	论文二稿	20××.××.××—××.×× ×周	
5	论文终稿	20××.××.××—××.×× ×周	
6	论文答辩	20××.××.××—××.×× ×周	

备注：

表 3-4　毕业设计与毕业论文开题报告参考式样

论文题目				选题方向	
学生姓名		所学专业		题目来源	
院系		年级		班级	
指导教师		职称		研究方向	
一、选题的目的、意义和研究现状：					

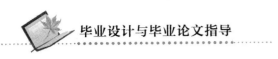

续表

二、研究方法及预期结果（论文主要研究内容、主要解决的问题、研究方法及论文结构）
三、主要参考文献：
四、指导教师意见：
指导教师签字：　　　　　　　　　××××年××月××日

二、准备资料

毕业设计课题的资料准备，主要通过查阅文献资料和参加生产实习、毕业实习等渠道进行。一方面在进入专业课学习时，学生就要根据自己的兴趣、爱好、特长以及客观条件，考虑自己毕业设计的选题方向，有目的有计划地查阅与选题方向有关的文献资料，进行一般目标上的资料收集；另一方面，在参加生产实习和毕业实习的过程中，围绕选题方向收集资料。

理工科专业教学计划中均安排了生产实习和毕业实习等实践性教学环节。

生产实习是在教师的指导下，根据实习大纲要求制订比较详细的实习计划，提出具体要求，编制实习指导书，使学生深入社会，了解和学习生产实际知识和技能，了解生产中的新工艺、新技术、新知识、新成果和新问题，以获取第一手资料。

毕业实习是在毕业设计选题后，紧密配合课题而进行的实习。理工科院校在学生选定设计课题后都要组织学生分别到对口的单位厂矿、工地进行调查研究，收集与课题有关的资料，直接为毕业设计作准备。毕业生在进入实习点前后都应该做好充分的思想准备，抓住课题中心，主动积极地去实习、调查研究、观察与捕获自己所需的素材，并逐步形成和明确自己设计的重点内容和基本构思。

此外,有关材料的收集、鉴别等问题请参阅本书第二章第二节的相关内容。

第三节 确定设计方案和绘制设计图纸

一、确定设计方案

一个工程设计的设计过程一般可分为三个阶段:一是可行性研究阶段;二是初步设计阶段;三是施工图设计阶段。由于教学时间的限制,在毕业设计的过程中要使每个学生全面完成三个阶段的设计过程是不可能的,但必须使学生熟悉和掌握工程设计的全过程。

可行性研究阶段,主要是研究课题设计的有关计算参数,估计所需技术问题的主要指标,同时确定初步研究方案及对所需设备进行选型。

初步设计阶段,是在可行性研究阶段工作的基础上进行的。这一阶段除要明确设计的有关参数资料外,重点是研究设计的一般原则、重要的和主要的设计决定,对专题进行阐述,提出主要技术经济指标及动力消耗情况,按概算要求编制专业工程概算。

施工图设计阶段是在初步设计阶段的基础上进行的。它必须遵照初步设计时所研究的基本原则。为了施工、安装的方便,施工图必须绘制平面布置图、剖面图、系统图和大样图等。同时要附以必要的统计说明,为便于做好施工前的准备工作,还必须提供所用的设备、材料明细表,在施工图的设计过程中与有关专业密切配合,及时向有关专业提出本专业的特殊要求。

工程设计,特别是结合实际任务的设计,是一种严肃、细致的技术工作。如果错画一笔,就会使企业或单位蒙受损失。因此,对待设计工作,特别是施工图的设计,一定要严肃认真、一丝不苟。

二、绘制设计图纸

图纸是工程师的语言。设计图纸要能较好地表达作者的设计意图。绘图要符合制图标准,并用工程字注文。图面要整洁,布局要合理。主要图纸应基本达到施工图的要求。图纸一般为4～5张(以1号图纸计算)。在工程类中,土木类分为结构建筑施工图、构件图等;机械类分为零件图、组装图;泥工类为工艺图等。

第四节 毕业设计任务书的写法

毕业设计任务书是对毕业设计进行解释与说明的书面材料,是毕业设计过程

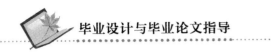

中的最后一个重要环节。目前虽没有规范形式,但一般都包括前言、正文、小结(或称结束语)、附录和参考文献等几个部分。有的写法还包括使用说明书。下面介绍一下工程设计任务书的写法。

一、前言

前言亦称绪论、概述、概论。前言的习惯写法一般包括以下三部分内容。

(一) 设计的目的和意义

这部分作者应具体说明自己的设计是否满足我国社会主义建设的需要,以及在提高我国人民生活水平的需要方面所能发挥的作用。写这一部分时,切忌那种贴标签、空喊口号的说教。

(二) 设计项目发展情况简介

这部分要全面、客观地概述该项目在国际上和国内已达到的水平。

(三) 设计原理及规模介绍

这部分要简单明了地介绍该项目设计的原理和该设计项目的规模。其中,原理部分有很大的伸缩性。作者可根据实际需要可详、可简、可略。但设计的规模简介绝不可少。因为设计的规模涉及具体的技术问题,必须予以简要介绍。

二、正文

正文是设计任务书的主体部分,是作者对自己所做设计、试验和计算工作的详细表述,主要包括以下两个部分。

(一) 方案论证

当设计方案确定之后,设计师有责任说明为什么选择这个方案,其优缺点何在,这个说明过程人们称之为方案论证。设计方案常使用的基本方法是通过比较进行鉴别,即选择一个以上方案作为与本设计方案的比较对象,然后剖析比较各个方案的优缺点,以达到证明自己的方案是最优设计的目的。

比较的方法有以下两种。

1. 选取旧产品作比较

选取旧产品作比较是以一种旧产品作为比较对象,指出旧产品的主要缺点和问题,然后针对这些缺点和问题提出新的设计思想和设计方案,最后通过对新设计方案的剖析,指出由于新设计方案采取了新措施、新技术、新工艺才克服了旧产品的缺点,从而成为最优的设计方案。这种写法一般运用于对旧产品作改进设计。如题为《冲床噪声研究与控制》的一篇毕业设计就采用了这种写法。

2. 几种设计方案比较,从中确定一种较优方案

一般新建工程,新的设备、产品的设计常采取这种写法。这种写法带有讨论的色彩,所列举的方案可能各有优劣,方案最后选定多半是综合多种因素之后的抉择。

如某一学生的毕业设计题目为《同步电动机采用无刷励磁的可行性分析》就提出了使用离心开关和使用可控硅开关的两个可行方案。作者在对上述两个方案进行比较分析后,得出以下结论:

从上述两个方案来看,理论上是正确的,实行上是可行的。

第一个方案是否可靠,完全取决于离心开关动作的可靠性及其安装位置适当与否,它直接影响电动机牵入同步的迟早问题。据有关资料报道,一个离心开关只能无故障地使用100~200次。所以需要定期拆换,维修较不方便,但其成本较低。

第二个方案是否可靠,完全取决于可控硅开关的质量,只要加强电气元件抵抗离心力引起破坏的能力就能可靠运行。这个方案比第一个方案更可靠,将成为同步电动机采用无刷磁技术的发展趋势。

在写作这一部分时,其方案论证和可行性分析必须有根有据,使人信服。

(二) 主要参数计算

设计方案说明书应当写明各主要参数的计算,包括各零部件工作条件,给定的参数、理论公式及详细的计算步骤,以及计算的结果。要求计算准确,分析、计算结果要尽可能用图表表示,能一目了然。

三、如何写开题报告

(一) 开题报告的内容

(1) 课题来源及研究的目的和意义。

(2) 国内外在该方向的研究现状及分析。

(3) 主要研究内容及创新点。

(4) 研究方案及进度安排,预期达到的目标。

(5) 为完成课题已具备和所需的条件和经费。

(6) 预计研究过程中可能遇到的困难和问题及解决的措施。

(7) 主要参考文献。

(二) 开题报告的概念与写法

1. 什么是开题报告

开题报告,是指开题者对科研课题的一种文字说明材料。这是一种新的应用

文体,这种文字体裁是随着现代科学研究活动计划性的增强和科研选题程序化管理的需要应运而生的。开题报告一般为表格式,它把要报告的每一项内容转换成相应的栏目,这样做既便于开题报告按目的填写,避免遗漏;又便于评审者一目了然,把握要点。

2. 撰写开题报告的意义

撰写开题报告,作为多层次科研工作的第一个写作环节非常重要,这是因为:

(1) 通过它,开题者可以把自己对课题的认识理解程度和准备工作情况加以整理、概括,以便使具体的研究目标、步骤、方法、措施、进度、条件等得到更明确的表达;

(2) 通过它,开题者可以为评审者提供一种较为确定的开题依据;

(3) "言而无文,其行不远",以书面开题报告取代昔日广为运用的口头开题报告形式,无疑要切实可靠得多;

(4) 如果开题一旦被批准,课题得以正式确立,则还可以通过它对立题后的研究工作发生直接的影响,如作为课题研究工作展开时的一种暂时性指导,或者作为课题修正时的重要依据等。

总之,科研开题报告是选题阶段的主要文字表现,它实际上成了连接选题过程中备题、开题、审题及立题这四大环节的强有力的纽带。

在当今世界从事科学研究,必须重视开题报告的写作。如果不重视开题报告的写作,即使是有名望的研究者也会遇到科研课题告吹的情况。在美国有这样一个实例:美国科学基金会曾同时收到关于同一科研课题的两份开题报告,一份是获得过诺贝尔奖金的西博格写的,另一份是由名不见经传的一位青年研究者写的。经过专家们的认真评议,结果批准了那位无名小卒的申请,把这一课题的研究经费拨给了他。所以,在美国,许多科学家每年几乎要用两个多月的时间从事课题建议书(即开题报告)的起草工作。就我国的情况来看,关于科技工作者要写"科研开题报告",大学研究生、本科生申请学位要写"学位论文开题报告"等规定,都已经处于实施之中。今后,随着科研管理的加强,在开题报告写作方面的要求也会越来越高。

3. 开题报告的各个栏目怎样填写

(1) 开题报告封面各栏目的填写方法

开题报告封面各栏目由开题者(学生)填写。其中,"年、月、日"栏目在开题报告封面的下方,应填写开题报告实际完成的日期。实际完成日期一般应在学校规定的时间段内完成此项工作,逾期即被视为未按时完成开题报告工作。

(2)"综述本课题国内外研究动态,说明选题依据和意义"栏目的填写方法

综述包括"综"与"述"两个方面。所谓"综",就是指作者对占有的大量素材进行归纳整理、综合分析,使文献资料更加精练、更加明确、更加层次分明、更有逻辑性。所谓"述",就是对各家学说、观点进行评述,提出自己的见解和观点。填写本栏目实际上是要求开题者(学生)写一篇短小的、有关本课题国内外研究动态的综合评述,以说明本课题是依据什么提出来的,研究本课题有什么学术价值。

① 综述的主体格式

综述的主体一般有引言、正文、总结、参考文献四部分。

A. 引言部分

引言用于概述主题的有关概念、定义,综述的范围,有关问题的现状,争论焦点等,使读者对综述内容有一个初步轮廓。这部分约 200~300 字。

B. 正文部分

正文部分主要用于叙述各家学说、阐明所选课题的历史背景、研究现状和发展方向。其叙述方式灵活多样,没有必须遵循的固定模式,常由作者根据综述的内容自行设计和创造。一般可将正文的内容分成几个部分,每个部分标上简短而醒目的小标题,部分的区分也多种多样,有的按国内研究动态和国外研究动态,有的按年代,有的按问题,有的按不同观点,有的按发展阶段,然而不论采用何种方式,都应包括历史背景、现状评述和发展方向三个方面的内容。

历史背景方面的内容按时间顺序,简述本课题的来龙去脉,着重说明本课题前人研究过没有,研究成果如何,他们的结论是什么,通过历史对比,说明各阶段的研究水平。

现状评述又分为以下三层内容:

第一,重点论述当前本课题国内外的研究现状,着重评述本课题目前存在的争论焦点,比较各种观点的异同,亮出作者的观点;

第二,详细介绍有创造性和发展前途的理论和假说,并引出论据(包括所引文章的题名、作者的姓名及体现作者观点的资料原文);

第三,对重要结论性、成果性问题进行总结和评述,为研究其发展方向打好基础。

发展方向方面的内容:通过纵(向)横(向)对比,肯定本课题目前国内外已达到的研究水平,指出存在的问题,提出可能的发展趋势,指明研究方向,提出可能解决的方法。

正文部分是综述的核心,篇幅约占 1000~1500 字。

C. 总结部分

在总结部分要对正文部分的内容作扼要的概括,最好能提出作者自己的见解,表明自己赞成什么、反对什么。要特别交代清楚的是:已解决了什么;还存在什么问题有待进一步去探讨、去解决;解决它有什么学术价值,从而突出和点明选题的依据和意义。这一部分的文字不多,与引言相当。短篇综述也可不单独列出总结,仅在正文各部分叙述完后用几句话对全文进行高度概括。

D. 参考文献

参考文献是综述的原始素材,也是综述的基础,置于开题报告的最后面。

② 综述的写作步骤

A. 确立主题

在开题报告中,综述主题就是所开课题的名称。

B. 收集与阅读整理文献

题目确定后,需要查阅和积累有关的文献资料,这是写好综述的基础。因而,要求收集的文献越多越全越好。常用的方法是通过文摘、索引期刊等检索工具查阅文献,也可以采用计算机网络检索等先进的搜索查阅文献方法。有的课题还需要进行科学实验、观察、调查来取得所需的资料。

阅读整理文献是写好综述的重要步骤。在阅读文献时,必须领会文献的主要论点和论据,做好读书笔记,并制作文献摘录卡片,用自己的语言写下阅读时所得到的启示、体会和想法,摘录文献的精髓,为撰写综述积累最佳的原始素材。阅读文献、制作卡片的过程实际上是消化和吸收文献精髓的过程。制作卡片和笔记便于加工处理,可以按综述的主题要求进行整理、分类编排,使之系列化和条理化。最终对分类整理好的资料进行科学分析,写出体会,提出自己的观点。

C. 撰写成文

撰写综述之前,应先拟定写作提纲,然后写出初稿,待"创作热"冷却后进行修改成文,最后抄入开题报告表的"综述本课题国内外动态,说明选题依据和意义"栏目内。

③ 撰写综述的注意事项

A. 撰写综述时,收集的文献资料应尽可能齐全,切忌随便收集一些文献资料就动手撰写,更忌讳阅读了几篇中文资料便拼凑成一篇所谓的综述。

B. 综述的原始素材应体现一个"新"字,亦即必须有最新发表的文献,一般不将教科书、专著列入参考文献。

C. 坚持材料与观点的统一,避免介绍材料太多而议论太少,或者具体依据太少而议论太多,要有明显的科学性。

D. 综述的素材来自前人的文章,必须忠于原文,不可断章取义,不可阉割或歪曲前人的观点。

(3)"研究的基本内容,拟解决的主要问题"栏目的填写方法

此栏目由开题者(学生)填写。"研究的基本内容"和"拟解决的主要问题"在内容上虽然紧密相关,但角度不同,在填写时可以分别表述。

①"研究的基本内容"栏目的填写方法

"研究的基本内容"就是论文(设计)正文部分的内容,是研究内容的核心。正文内容又分为若干部分和层级。填写此栏目实际上是编写论文基本内容的写作提纲。

基本内容的写作提纲的写法有两种:一种是标题法,即用一个小标题的形式把一个部分的内容概括出来。标题法的长处是简明、扼要,能一目了然;短处是只能自己理解,别人看不明白,而且时间一长自己也会模糊。另一种是句子法,即用一个能表达完整意思的句子形式把一个部分的内容概括出来。句子法的长处是具体、明确,无论放下多久都不会忘记,别人看了也明白;短处是写作时不能一目了然,不便于思考,文字也多。上述两种写法各有优缺点,用哪一种好,还是混合使用好,这由作者自己确定。

不管是文科的毕业论文写作提纲,还是理工科毕业设计或毕业论文的写作提纲,都没有必须遵循的固定模式,一切视研究内容的需要而定。书后附录中的相关内容,可供填写"研究的基本内容"栏目时参考。

②"拟解决的主要问题"栏目的填写方法

"拟解决的主要问题",就是毕业论文的主攻方向、研究目的,具体是指开题者(学生)预先设想的、将要在毕业论文中证明的某一个新的理论问题、某一个新的技术问题或某一个新的方法问题等,以及开题者(学生)对这个问题的基本观点(赞成什么,反对什么)。填写此栏目,就是要求开题者(学生)用明确、具体的文字(力求用一两句话)把论文题目中的上述信息传达出来。

"拟解决的主要问题"是在综述本课题国内外研究动态的基础上提出来的,毕业论文正文的各个部分都是为了论述这一主要问题,而主要问题的解决将得出研究成果。

一篇毕业论文只有一个中心,一个重点。不管文章长短,材料多寡,但主题只有一个。集中也是深刻的保证,只有集中于一个主题,才能论述得深刻。如果一个课题要解决两个或两个以上的主要问题,就有可能导致主攻方向不明确,在论述过程中发生种种困难,或观点冲突,或逻辑混乱,或主次不分。所以,一般情况下一篇科研论文论述一个基本观点,解决一个主要问题。

(4)"研究步骤、方法和措施"栏目的填写方法

此栏目由开题者(学生)填写,要求回答本课题怎样研究的问题,可以分两个层次表述,即研究步骤、研究方法。

① 研究步骤

研究步骤也称写作步骤、写作程序等,具体指从提出问题到撰写成文的各个阶段。填写时可以如下表述:

第一步,选题;

第二步,收集、阅读和整理资料;

第三步,论证与组织(拟写开题报告);

第四步,撰写成文;

第五步,论文(设计)修改与定稿;

第六步,外文翻译。

为了使大家对这六个步骤有一个明晰的印象,以下逐个给予简单的介绍。

第一步,选题。

选题即选择研究课题,确定主攻方向,这是撰写毕业论文的第一步,是具有战略意义的大事。选题必须符合选题原则。选题恰当与否直接关系研究成果的质量水平。选题有指导教师命题分配和学生自拟自定两种方法。题目选择恰当,等于毕业论文成功了一半。

第二步,收集、阅读和整理资料。

论文题目选好以后,就要收集资料,进行知识积累。"巧妇难为无米之炊",没有资料就无法进行科学研究。收集资料要发挥高度的主观能动性,想方设法得到自己需要的东西。

资料来源主要有两个方面:一是文献资料;二是科学实验、观察、调查。

先谈谈文献资料的问题,文献资料是前人从事科学研究的总结。科学研究总是在前人研究的基础上进行的,有着继承性和连续性。我们要了解本课题研究的历史和现状、掌握动向、吸取经验教训、开阔思路、进行比较、作出判断等,都需要参考资料,从中得到借鉴、印证、补充和依据。这些都是写作毕业论文的必要素材。

再谈谈收集科学实验、观察、调查材料的问题。科学实验是人们为暴露事物内部矛盾,揭示事物本质及其规律,发现其内部的矛盾而进行的变革研究对象的一种操作和活动。由于实验是在受控制的条件下进行的,将尽量排除外界的影响,因此,人们有可能对研究对象细致、周密的观察,从而找出事物内部的联系。我们要取得实验的第一手材料,就要进行科学观察。科学观察应具有客观性、系

统性和保密性。

客观性,是指不要先入为主,戴有色眼镜看待事物,而要如实反映事物的本来面目。

系统性,是指按照一定的程序,连续、完整地观察事物发展、变化的全过程,而不至于漏掉重要的细节。

严密性,是指观察要一丝不苟,注意任何微小的变化。

在观察中,往往会发现意外的情况,这种偶然的发现叫作机遇,这种机遇我们不要轻易放过,在其中可能蕴藏着重大的科学发现。观察要及时、准确地把观察到的现象、数据、结果记录下来,这些都是我们撰写毕业论文的素材,科学实验必须借助实验原料、仪器、设备等才能进行,不同的材料、设备可能产生不同的结果。因此,这些科学实验使用的器材同样属于撰写毕业论文需要体现的素材。

不论是社会科学的课题,还是自然科学的课题,有的素材必须通过调查才能取得,它是对客观事物自发过程进行观察和记录的科学研究活动,在毕业设计任务书中通常有相关的"调查研究类型"的介绍。

从各种途径获取的资料必须进行加工整理,包括:检查资料是否齐全,重不重要;对资料进行科学分类,最好根据中国图书分类方法分类,以便使资料分类标准化,如果按自己的方法分类,最好能坚持从始到终。编制资料索引,进行加工,做到统一化,如数据、年份、术语要统一,便于比较;序列化,如年代中分层描述要想办法排齐;典型化,即对同类资料进行筛选,找出有代表性的资料;形象化,即把一些数字通过图和表表示出来等。

收集和整理资料是异常艰苦和细致的工作,要具有吃苦精神。达尔文曾经说过:"科学就是整理事实,以便从中得出普遍规律或结论。"他自己就是在整理了大量的文献资料,收集了大量的动物标本之后才写成了《物种起源》。马克思在撰写《资本论》时,花了40年的心血,他阅读了浩如烟海的理论著作、事实材料、统计数字等,钻研和摘要过的书籍达1500多种,为此他还学习了好几种外国语。他在《资本论》中引用和提到过的著作达505部、英国的议会报告和其他官方文件达59种、报刊56种。列宁对马克思的《资本论》的产生过程作了精辟的说明,他说,《资本论》不是别的,正是"把堆积如山的实际材料总结为几点概括的彼此相联系的思想"。我们在撰写毕业论文的时候,要学习这些伟人的科学精神、吃苦精神。

第三步,论证与组织(拟写开题报告)。

在收集资料的基础上,需要运用科学的方法对它进行研究。

第一,要树立科学的方法论。

第二,掌握正确的分析方法。

第三,确立论点,其中包括中心论点(或总论点)与分论点。

第四,选择材料拟写提纲,对全文的内容作通盘的安排,对结构格式作统一的布局,规划出毕业论文的轮廓,显示出毕业论文的条理层次。论证与组织的过程,也是撰写开题报告的过程。

第四步,撰写成文。

收集了资料、确立了论点、选择了材料、填写了开题报告之后,就进入毕业论文的撰写阶段。

第五步,论文(设计)修改与定稿。

论文(设计)写好初稿后,必须从思想内容与表现形式上进行修改。修改论文是很细微深入的工作。毕业论文经过多次修改后,就可以打印定稿,在排版时一定要符合文面的要求。

第六步,外文翻译。

翻译是毕业生的基本素质和业务水平的重要标志。翻译的主要用途是获取和传播最新的学术信息,一般要求做到忠于原文、通顺流畅。

② 研究方法

研究方法,是指分析论证课题时的思维方法,它属于认识论范畴。没有正确的研究方法,就不能深入认识事物的本质,揭示其客观规律。没有正确的研究方法,就不能有所发现、有所发明、有所前进、有所创新,自然也就不能获取研究成果。因此,有的专家学者认为,选择好的研究方法,也等于论文完成了一半。

科研方法有很多。按照人的活动可以分为两类,即实践(经验)性方法、理论性方法。前者如观察方法、实验方法、调查方法,后者如抽象方法、假说方法。各种科研方法按照适用范围可以分为三类:即适用于一切学科领域的哲学方法;适用于众多学科领域的一般方法;适用于某些具体学科领域的特殊方法或专门方法。这里只能列举部分科研方法,并按适用范围将科研方法分三大类介绍,其中有些方法是所有专业适用,有些方法是部分专业适用。

A. 哲学方法

哲学方法是最为概括、最具有普遍性的方法,适用于各类学科、各个专业。

B. 一般思维方法

一般思维方法是哲学方法与专门分析方法的中介,是取得经验性知识及发展理论性知识的一般方法。一般思维方法又分为归纳与演绎方法、分析与综合方法、历史与逻辑分析方法、矛盾分析法、系统分析法、因果分析法、比较分析法、定性与定量分析方法。

C. 专门分析方法

专门分析方法又称特殊研究方法。专门分析方法很多,不胜枚举,各个学院、系甚至专业可以结合院、系、专业的研究特点,介绍一些专门的研究方法。

理工类专业常见的专门研究方法有实验法、观察法、调查法等。而在物理、化学、数学、生物等学科中又有各自的更加专门的方法,如物理学研究中的光谱分析法,化学研究中的比色法等。

经济管理类专业常见的专门研究方法有计量经济法。

法学专业常见的专门研究方法有历史考证法、比较分析法、社会分析法、规范解释法、经济分析法等。

文艺学类专业常见的专门研究方法有"文学、历史"批评法、社会批评法、传统研究法、精神分析法、原型批评法、符号学研究法、俄国形式主义批判与研究方法、英美新批评法、结构主义法、阐释学法等。

汉语言文学专业常见的专门研究方法有推理与议论法、证明与反驳法、传统考据、考证、考订、点评等方法。

心理学专业常见的专门研究方法有观察法、调查法、实验法、个案研究法、行为研究法等。

在同一篇论文中,各个部分可以分别采用不同的研究方法。各种研究方法互相补充、互相协调才能揭示研究对象各个侧面或各个层次的特殊规律,进而证明总论点。

对于初学写论文的本科生来讲,有的不知道有哪些研究方法,写论文不讲方法;有的不问青红皂白,生搬硬套,乱用研究方法;有的虽然知道一些研究方法,但在论文中往往只局限于一种方法,思维单一,视野狭窄;有的从网上胡乱下载一大堆资料和文章,不知道怎么选择整理,不考虑层次顺序和研究方法。为此,开题者(学生)首先应该学习研究方法方面的知识;其次,开题者(学生)在论文写作中应该具体问题具体分析,灵活地使用各种方法,才能收到事半功倍的效果。

四、小结(或称结束语)

毕业论文小结或称结束语,不但是对毕业生毕业实习和毕业论文这项活动的小结,从另一个角度来看,也可以算作是毕业生毕业论文的结束语和答谢词。

五、附录和参考文献

对于有些论文材料,编入论文主体会有损于论文编排的条理性和逻辑性,或者有碍于论文结构的紧凑和突出主题,但这些论文材料又有其特定价值,所以可将其编入毕业论文的附录之中,位于论文的末尾。附录也作为论文主体的补充项目,例如:有的学校要求毕业生把论文中引用的外文资料翻译写在附录里,把论文中涉及的一些编程术语也写在附录里。附录的一般格式是:附录 A、附录 B……或者附录一、附录二……参考文献是论文撰写过程中参考过的文献或资料,是为了撰写或编辑论文而引用的有关文献信息资源,通常必须将出处和作者注明,特别要注明期刊资料名称、出版时间和卷(期)号,页码或者页码范围,是网络资源的要注明网址链接。

第四章　毕业论文和毕业设计的答辩与指导

> 毕业论文（设计）在完成过程中需要指导，在完成后通常需要进行答辩，用以检查学生是否达到毕业论文（设计）的基本要求和目的，并评价和衡量学生毕业论文（设计）的质量高低。而毕业论文（设计）指导是有一定的程式和技巧的，毕业论文（设计）答辩也是一个非常重要的形式和过程，它是一种有组织、有准备、有计划、有鉴定，比较正规的审查毕业论文（设计）的重要形式。在答辩过程中，学生需要口述总结自己毕业论文（设计）的主要工作和研究成果，并对答辩委员会成员（主要是主答辩教师）所提问题做出回答。答辩是对学生的专业素质和工作能力、口头表达能力，以及应变能力进行考核，是对学生知识的理解程度、技能的掌握程度做出判断，是对该毕业论文（设计）课题的发展前景和学生的努力方向进行最后一次的直面教育。

第一节　毕业论文与毕业设计的答辩

一、答辩的意义

毕业论文与毕业设计的答辩，是毕业论文和毕业设计工作的重要一环，是整个教学计划的重要组成部分。它不仅关系论文及设计成绩的最后评定，而且还决定学生能否毕业。同时，答辩也是对教与学双方情况的综合检查，特别是对督促学生认真完成毕业论文与毕业设计，确保其真实性和实际效果，具有重要的意义。具体地说，答辩的意义体现在以下两个方面。

（一）答辩是审查毕业论文（毕业设计）的必要补充

答辩，就是有"问"有"答"，也可以"辩"，是由问、答、辩构成的一种有目的、有计划的教学形式，是教师和学生之间有问有答有辩的双向教学活动。这种问与答都按一定的规范进行。因此，答辩是审查毕业论文与毕业设计的一种补充形式，是因为一篇毕业论文（毕业设计）完成之后，难免有阐述不清楚、不详细、不完备、不确切、不完善的地方。通过答辩，可以进一步考查作者能否

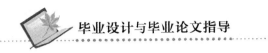

运用所学的基础知识来分析和解决本学科内某一基本问题的学术水平能力，还可以考查作者对所论述的问题是否有深广的知识基础、有创造性的见解、有充分扎实的理由等。

（二）答辩是培养学生的重要教学环节

答辩这种形式本身对学生来说也是一个再学习和再培养的重要教学环节。通过答辩，不仅可以使学生的口头表达能力、演讲能力、思维能力、应变能力得到提高，而且还可以帮助作者对整篇毕业论文的写作或毕业设计的经验教训进行认真的总结。具体来说，通过答辩对学生有如下作用：

（1）作者可以集思广益，更全面、更科学地衡量和修改毕业论文（毕业设计）。毕业生的论文（设计）指导，往往只有一个指导老师，因受专长、学术派别、经历等因素的影响，指导中也可能带有一些主观色彩的因素。通过答辩由众多的教师从不同的角度进行深入询问，集思广益，审查、修改毕业论文（毕业设计），使其进一步完善、成熟。

（2）可以回顾、检查学生在大学期间所学知识技能的掌握程度。

（3）可以使学生进一步审视自己，了解自己的学识水平和专长，调整自己的主攻方向。

（4）可以锻炼和提高学生的分析概括问题的能力和口头表达能力。答辩是一种综合训练各种能力的实践活动。

二、答辩的组织与指导

为了搞好毕业答辩工作，达到预期的目的要求，必须加强对答辩工作的组织与指导，为此，要做好以下工作。

（一）建立答辩委员会

学生的毕业答辩工作是在各院系主任的领导下进行的。各系科、专业应建立学生毕业论文、毕业设计答辩委员会，由主管教学的院系领导、系办公室主任（或教学秘书）和教研室主任组成。院系主任担任主任，下设副主任 1 或 2 人，负责答辩的主要组织工作。

答辩委员会的职责如下：

（1）制订毕业设计、论文答辩工作计划；

（2）划分答辩小组，确定师生名单以及答辩小组负责人，并报教务处备案；

（3）安排答辩的具体日程、地点；

（4）负责答辩工作的宣传、教育工作，并在各答辩室的门口张贴学生名单、时间、会场纪律，以营造严肃气氛；

(5) 指导、检查答辩组工作，严格审核评分标准；

(6) 组织示范性的预答辩；

(7) 全权处理答辩中的一切重大问题。

(二) 建立答辩小组

在院系答辩委员会的领导下，按学生毕业论文(毕业设计)的学科性质和人数划分答辩小组，并在其学科教师中推选有教学经验和一定水平的教师3～5人组成答辩小组，负责答辩的一切具体工作。答辩小组的职责如下。

(1) 答辩前将本组承担的答辩任务落实，确定主答辩教师。

(2) 认真审阅学生的毕业论文(毕业设计)，全面、客观地提出答辩问题。提问的难度适中，分量拟以学生在20～30分钟回答完毕为宜。

(3) 组织答辩，认真听取答辩者的报告及问题回答。允许学生坚持己见，充分肯定学生能自圆其说的独特见解。

(4) 答辩结束后，要逐一认真评议，根据评分标准，参照预答辩(或示范答辩)情况客观地评定成绩、写出评语，并将学生三部分成绩(平时表现、论文或设计质量、答辩水平)汇集成总成绩，上报院系答辩委员会，经审核同意后，向学生公布。

(5) 向答辩委员会汇报答辩情况。

(三) 召开全院系性的预答辩会，为师生作出答辩示范

在正式开始答辩前，应挑选优、良、一般的代表性毕业论文或毕业设计，进行全院系性的公开预答辩(或示范答辩)，吸收全体毕业生参加旁听。主答辩老师的提问面可以广泛和深入一点，气氛可以活跃一些，允许旁听的学生提问。预答辩(或示范答辩)后，及时组织有关教师讨论，评定成绩，制定评分标准。

(四) 制定成绩评定办法及标准

评定学生毕业论文(毕业设计)成绩时，必须实事求是，严格掌握标准，不能偏低或偏高。获得90分以上成绩的不宜过多，一般为10%～15%。凡经全面考核，确定达不到及格标准的学生，或有抄袭行为的毕业论文(毕业设计)，应作不及格处理。成绩评定的具体办法和标准参见本节"四、答辩成绩的评定"中的相关内容。

(五) 确定毕业论文(毕业设计)答辩的进行程序

答辩会一般按下列程序进行：

(1) 学生向答辩小组报告自己所撰写的毕业论文或毕业设计任务书的简要情况；

(2) 主答辩老师提出问题；

(3) 学生准备并回答老师的问题；

(4) 答辩结束。

三、学生答辩的程序

对学生来说，毕业论文（毕业设计）的答辩程序一般包括答辩准备、答辩和总结深化等几个方面。

（一）答辩准备

要使答辩工作顺利进行，首先必须进行充分的准备。这是做好答辩工作的基础和前提。答辩准备工作包括思想准备、内容准备和物质准备。

1. 思想准备

思想准备，是指毕业生要明确目的，端正态度，树立信心。每个学生把答辩看作一次检验和总结，相信教师的提问不是想当然、设"关卡"。一般来讲，提问是有前提、有尺度的，只要毕业生作了充分的准备是能够回答出来的。要清除那种答辩"无用"和"畏惧答辩"的错误情绪。

2. 内容准备

内容准备是答辩工作中最重要、最艰巨的环节。因为答辩准备的好坏、充分与否直接关系着答辩成绩的优劣。答辩内容的准备是一项艰辛的工作：一方面范围广，涉及从选题研究、观点、资料、数据，到表现形式、方法和文字等各个方面；另一方面工作量大，既要反复审阅设计图纸、毕业设计任务书或毕业论文，进行充实、提高，并提炼出简要说明，又要再次查阅有关的资料。

为此，我们务必高度重视，并从以下两个方面认真进行准备。

（1）准备关于毕业设计（毕业论文）的说明报告

要做好这项工作，一般从以下四个方面着手。

一是反复阅读、审查自己的毕业论文（毕业设计），再次肯定好的，修改和补充不足之处。

二是认真回忆毕业论文（毕业设计）选题的目的是什么，在写作毕业论文及毕业设计任务书的过程中有哪些问题，其中解决了哪些问题，还有哪些问题需今后解决。

三是再次审阅资料。这次查阅资料主要是针对毕业论文（毕业设计）的内涵、外延及其难点、疑点，进行目标更为明确、集中的资料查阅，为准备说明报告提供材料。

四是写好15～20分钟用的论文说明报告资料,要求简明扼要地介绍以下内容:

① 选题的理由、学术价值和理论经济意义;

② 研究问题的关键所在;

③ 解决问题的对策与特色(这是重点);

④ 对策的论据及结论,重要的引文、版本、出处;

⑤ 该课题曾有何人研究,成果及观点是什么;

⑥ 毕业论文(毕业设计)存在哪些不足和缺陷,还有什么想法。

(2) 准备回答主答辩老师提问的资料

为此,必须做好以下两项工作:

首先,应了解摸清主答辩教师拟题的一般规律和原则,才能保证在答辩场上临阵不乱,沉着应战;

其次,要分析答辩教师拟题的主要内容和目的,有针对性地准备材料,特别是引证资料和数据资料。

答辩的提问一般应包括以下三个方面的内容:

① 需要进一步说明的问题;

② 毕业设计(毕业论文)所涉及的相关基本理论、知识和技能;

③ 鉴别学生独立工作的能力。

具体地说,主答辩老师可以从以下四个方面去设置问题:

① 用已经论证的观点去阐述与此有关或相悖的现象,或要求学生把从局部论证了的观点往下延伸,得出更高层次的带有普遍规律性的结论,以考查学生的研究能力和应用能力;

② 提出与毕业论文(毕业设计)的观点、资料、数据、概念及论证方法和密切关联的问题,以考查学生对于基础知识的掌握程度;

③ 根据毕业论文(毕业设计)的情况,从不同的角度提出问题,以考查学生的逻辑思维能力;可要求学生阐述文章各部分之间的联系,指出这种联系是递进关系、并列关系还是因果关系。

④ 考查学生对毕业设计任务书、毕业论文所属文体的认识,所使用的资料的来源及其真伪,以及运用语言的能力。

主答辩教师提问的内容是广泛的,题型是多样的,但都应紧扣毕业论文(毕业设计),问题不能太多,以2～3题为宜。

主答辩教师拟题时需要注意以下四个原则:

① 题意确切,含义清楚,简明扼要,富于启发性;

② 基础题和应用题相结合；

③ 深浅适中,难易搭配；

④ 点面结合,深广度相互联系,形式多样,大小配合。

3. 物质准备

物质准备,主要是指参加答辩会所需要携带的用品,如毕业论文或毕业设计的底稿及其说明提要；答辩问答提纲及主要参考资料,以备临时查阅；画出必要的挂图、表格及公式,加以放大,以备辅助介绍；准备笔记本,以供记录答辩小组教师的提问与提出批评意见之用。

(二) 答辩

答辩是教师对学生毕业论文(毕业设计)的最后一次综合性考核,是学生全面、综合运用自己所学知识能力的一次真刀真枪的实践。为此,每个学生必须提前准备,依次上台,掌握时间,扼要介绍,认真答辩。

1. 答辩的具体步骤

(1) 主答辩教师得到学生的毕业论文(毕业设计)档案袋或资料袋后,经阅读,拟定好2~4个答辩题目,分别拟出参考答案,并严格保密。

(2) 答辩会开始,由答辩小组组长宣布会场纪律,并由答辩主持人宣布答辩学生的姓名和论文、设计题目。

(3) 学生作15~20分钟的论文、设计自述报告。

(4) 主答辩教师将准备的2~4个问题向学生提出。

(5) 学生对教师的提问经过5分钟左右的思考后当堂回答,回答的时间一般是20~30分钟。

(6) 答辩总结、结束。

2. 答辩中学生的注意事项

(1) 不要紧张,要以必胜的信心、饱满的热情参加答辩。

(2) 仪容要整洁,行动要自然,姿态要端正,要有礼貌。

(3) 向老师作毕业论文(毕业设计)报告或回答老师的提问时要沉着冷静,做到语气上要用肯定的语言,是即是,非即非,不能模棱两可、似是而非,内容上要紧扣题目、言简意赅。表述上要口齿清楚、流利,声音大小、语言速度要适中,要富于感染力,还可以使用适当的手势,以取得答辩的最佳成绩。

(4) 要认真听取老师的提问,最好边听边记。如果对老师所提出的问题没有理解清楚时绝不可贸然回答,可以请老师重复一遍或者把自己对课题的理解说出来,请教老师是不是这个意思,得到老师的肯定答复后再作回答。

(5) 对师生的提问,不管其妥当与否,都要耐心倾听。对提问回答的圆满时,不要沾沾自喜,流露出骄傲的情绪;如果回答不出问题时,不可磨磨蹭蹭,应该态度坦然、虚心,说明还没有弄清楚,绝不能答非所问或流露出对老师的不满情绪。

(三)总结深化

学生答辩完毕,主答辩教师要根据毕业论文(毕业设计)本身的写作水平和答辩情况,对答辩作出口头总结,并热情指出毕业论文(毕业设计)的优点,充分肯定成绩。同时,也要实事求是地指出错误与不足,提出补充、修改的建议。对主答辩教师指出的问题,学生要虚心接受,表示认真吸取并致谢意后方可退席。

学生在答辩会结束后,要认真从以下三个方面进行总结。

(1)要认真总结答辩中的情况,仔细考虑教师提出的问题与质疑。进一步修改毕业论文或设计方案,使之日趋完善、成熟。

(2)详细回顾自己回答问题的情况,哪些问题回答清楚了,哪些问题回答不清楚或答不出来,原因是什么,经验和教训是什么。

(3)根据主答辩教师的提问、质疑和自己的思考审视自己的研究能力、学识水平与专长,决定自己日后的工作方向。

四、答辩成绩的评定

(一)毕业论文(毕业设计)的答辩成绩组成

根据各学校的要求不同,毕业论文(毕业设计)的答辩成绩组成也有所差异。一种是由三部分成绩合计,其中,平时成绩占20分;毕业论文或毕业设计任务书成绩占60分;答辩成绩占20分。另一种是答辩总成绩由两部分组成,其中书面成绩占70%,答辩成绩占30%。

(二)答辩成绩的等级划分

毕业论文(毕业设计)答辩成绩的等级划分,各学校也不完全相同,有的实行百分制,有的实行优、良、及格、不及格四级制,有的实行优、良、中等、及格、不及格五级制。它们之间的关系如下所示:百分制,90分以上、80～90分、70～80分、60～70分、60分以下;五级制,优秀、良好、中等、及格、不及格;四级制,优秀、良好、及格、不及格。

(三)答辩成绩标准

下面介绍两份答辩成绩标准以供参考。

一份是由平时成绩、论文或设计成绩、答辩成绩三部分组成(参见表4-1、表4-2)。

表 4-1 毕业论文答辩成绩标准

评分类别	评分项目	权重	优秀 ($100 \geq X \geq 90$) 参考标准	良好 ($90 > X \geq 80$) 参考标准	中等 ($80 > X \geq 70$) 参考标准	及格 ($70 > X \geq 60$) 参考标准	不及格 ($X < 60$) 参考标准	评分
平时成绩	学习态度	0.10	学习态度认真负责,科学作风严谨,严格保证论文时间,圆满完成论文的各项任务	学习态度比较认真,科学作风良好,较好完成论文过程中的各项任务	学习态度一般,遵守组织纪律,基本完成论文过程中的各项任务	学习不太认真,组织纪律较差,勉强完成论文过程中的各项任务	学习马虎,纪律涣散,未能完成论文过程中的各项任务	
	文献资料阅读与文献综述	0.10	能很好地全部阅读指导教师指定的参考资料、文献,并阅读了较多的自选资料和较多的外文资料,文献综述好	能较好地全部阅读指导教师指定的参考资料、文献,并阅读了一定的自选资料,文献综述较好	阅读了指导教师指定的参考资料、文献,文献综述一般	基本上阅读了指导教师指定的参考资料、文献,有文献综述	未能阅读指导教师指定的参考资料、文献,无文献综述	
论文成绩	选题的性质、难度、分量	0.10	选题能全面反映培养目标,与本专业密切相关,能结合社会或教学实际,具有相当的先进性、深度和难度	选题能较好地符合培养目标,能反映本专业的主要内容,具有一定的深度和难度	选题能符合培养目标,属于本专业的知识范围,深度和难度一般	选题与本专业的知识范围有某种关联,但不够明确	选题不明确,不属于本专业的知识范围	
	论证能力	0.10	论点鲜明,论据确凿,论文材料翔实可靠,有说服力,分析、概括能力强	论点正确,论据可靠,论文材料较丰富,有一定的说服力	观点正确,论述有理有据,论文材料能说明观点,概括能力一般	观点基本正确,能对观点进行一定的论述	基本观点有错误或主要材料不能说明观点	

续表

评分类别	评分项目	权重	优秀 (100≥X≥90) 参考标准	良好 (90>X≥80) 参考标准	中等 (80>X≥70) 参考标准	及格 (70>X≥60) 参考标准	不及格 (X<60) 参考标准	评分
论文成绩	创新能力与学术水平,基础理论与专业技能	0.20	论文有独到的见解,富有新意或对某些问题有深刻的分析,有较高学术水平或较大的实用价值,很好地掌握了有关理论和专业技能	论文有一定的见解,对某些问题分析较深入,有一定的学术水平,较好地掌握了有关理论和专业技能	论文能提出自己的看法,但对问题分析不够深入,内容能理论联系实际,基本掌握了有关理论和专业技能	论文中自己的见解少或拼凑痕迹较明显,研究能力较弱,有关理论和专业知识掌握得不扎实	论文中有重大毛病或抄袭现象严重,缺乏研究能力,有关理论和专业知识掌握得很不扎实	
	文字表达与撰写规范	0.10	论文结构严谨,逻辑性强,论述层次清晰,语言通顺、准确,行文流畅,工作量饱满,格式规范	论文结构合理,逻辑性较强,文章层次分明,语言通顺、准确,工作量基本饱满,格式较规范	论文结构基本合理,层次比较清楚,语言通顺,工作量一般,格式基本规范	论文结构中有不合理成分,逻辑性较差,语言基本通顺,工作量基本达到要求,格式勉强达到规范	论文结构混乱,层次不清,语言不通顺,表达不清楚,工作量较少,完全没有按规范格式撰写	
答辩成绩	答辩	0.30	能简明扼要地阐述论文的主要内容,主次分明,思路清晰,能流利地回答有关问题	能清楚地阐述论文的主要内容和观点,主次较分明,思路清楚,能正确回答有关问题	能叙述论文的主要内容和观点,思路较清楚,基本上能正确回答有关问题	能说明论文的基本内容和观点,但不够确切,有些主要问题经提示才能正确回答	不能说明论文的基本内容和观点,主要问题回答不出或错误较多,经提示仍不能回答	

表 4-2　毕业设计答辩成绩标准

评分类别	评分项目	权重	优秀 (100≥X≥90) 参考标准	良好 (90>X≥80) 参考标准	中等 (80>X≥70) 参考标准	及格 (70>X≥60) 参考标准	不及格 (X<60) 参考标准	评分
平时成绩	学习态度	0.10	学习态度认真负责,科学作风严谨,严格保证设计时间,圆满完成设计的各项任务	学习态度比较认真,科学作风良好,较好完成设计过程中的各项任务	学习态度一般,遵守组织纪律,基本完成设计过程中的各项任务	学习不太认真,组织纪律较差,勉强完成设计过程中的各项任务	学习马虎,纪律涣散,未能完成设计过程中的各项任务	
	文献资料与阅读	0.10	能很好地全部阅读指导教师指定的参考资料、文献,并阅读了较多的自选资料和外文资料,积极开展调研论证	能较好地全部阅读指导教师指定的参考资料、文献,并阅读了一定的自选资料和外文资料,有调研	阅读了指导教师指定的参考资料、文献	基本上阅读了指导教师指定的参考资料、文献	未能阅读指导教师指定的参考资料、文献	
设计成绩	选题的性质、难度、分量	0.10	选题能全面反映培养目标,与本专业密切相关,能结合社会生产实际或科研实践,工程性强,现实意义明显,具有相当的深度和难度	选题能较好地符合培养目标,能反映本专业的主要内容,有一定的工程性和现实意义,具有一定的深度和难度	选题能符合培养目标,属于本专业的知识范围,深度和难度以及工程性一般	选题与本专业的知识范围有某种关联,但不够明确,选题难度、分量不够	选题不明确,不属于本专业的知识范围	

续表

评分类别	评分项目	权重	优秀 (100≥X≥90) 参考标准	良好 (90>X≥80) 参考标准	中等 (80>X≥70) 参考标准	及格 (70>X≥60) 参考标准	不及格 (X<60) 参考标准	评分
设计成绩	技术能力	0.10	设计合理,理论分析与计算正确,实验数据准确可靠,独立思考、独立工作能力和进行实验研究与查阅科技资料的能力强,图表制作精确、优美	设计比较合理,理论分析与计算正确,实验数据比较准确,独立思考、独立工作能力和进行实验研究与查阅科技资料的能力较强,图表制作精确、规范	设计比较合理,理论分析与计算基本正确,实验数据基本准确,具有一定的独立工作能力和进行实验研究与查阅科技资料的能力,图表制作基本符合标准	设计勉强合理,理论分析与计算无大错,实验数据基本准确,独立思考和进行实验研究与查阅科技资料的能力较差,图表制作有误差,尚可达到要求	设计不合理,理论分析与计算基本错误,实验数据不可靠,独立工作能力和进行实验研究与查阅科技资料的能力均差,图表制作随意	
	创新能力与成果价值、基础理论与专业技能	0.20	设计有独到的见解,富有新意或对某些问题有深刻的分析,有较高学术水平或较大的实用价值,成果突出,很好地掌握了有关理论和专业技能	设计有一定见解,对某些问题分析较深入,有一定学术水平或实用价值,成果较突出,较好地掌握有关理论和专业技能	设计能提出自己的看法,但对问题分析不够深入,成果有一定的意义,基本掌握了有关理论和专业技能	设计中自己的见解少或拼凑痕迹较明显,研究能力较弱,未取得有意义的成果,有关理论和专业知识掌握得不扎实	设计中有重大毛病或抄袭现象严重,缺乏研究能力,未取得任何成果,有关理论和专业知识掌握得很不扎实	
	文字表达与撰写规范	0.10	设计结构严谨,逻辑性强,论述层次清晰,语言通顺、准确,行文流畅,工作量饱满,格式规范	设计结构合理,逻辑性较强,语言通顺、准确,工作量基本饱满,格式较规范	设计结构基本合理,层次比较清楚,语言通顺,工作量一般,格式基本规范	设计结构有不合理成分,逻辑较差,语言基本通顺,工作量基本达到要求,格式勉强达到规范	设计结构混乱,层次不清,语言不通顺,工作量较少,完全没有按规范格式撰写	

续表

评分类别	评分项目	权重	优秀 (100≥X≥90) 参考标准	良好 (90>X≥80) 参考标准	中等 (80>X≥70) 参考标准	及格 (70>X≥60) 参考标准	不及格 (X<60) 参考标准	评分
答辩成绩	答辩	0.30	能简明扼要地阐述设计(创作)的主要内容,主次分明,思路清晰,能准确流利地回答有关问题	能清楚地阐述设计(创作)的主要内容和观点,主次较分明,思路清楚,正确回答有关问题	能叙述设计(创作)的主要内容和观点,思路较清楚,基本上能正确回答有关问题	能说明设计(创作)的基本内容和观点,但不够确切,有些主要问题经提示才能正确回答	不能说明设计(创作)的基本内容和观点,主要问题回答不出或错误较多,经提示仍不能回答	

另一份是按优秀、良好、中等、及格、不及格五级制评分标准制定的,其具体标准如下。

1. 优秀

(1)论题具有一定的现实意义或学术价值。

(2)对所分析的问题占有丰富的材料,论点鲜明,论证充分,能综合运用所学知识和技能,比较全面、深入地进行分析,有一定的独到见解。

(3)观点正确,中心突出,层次分明,结构严谨,文字流畅。

(4)在答辩中能熟练、正确地回答问题,思维清楚,具有较强的应变能力。

2. 良好

(1)对所分析的问题掌握了比较充分的材料,能运用所学知识和技能进行分析,有较强的解决问题的能力。

(2)观点正确,中心明确,条理清楚,逻辑性较强,文字流畅。

(3)在答辩中能正确地回答问题,思维比较清楚。

3. 中等

(1)对所分析的问题掌握了一定的材料,基本上能结合所学知识进行分析。中心明确,主要论据基本可靠。

(2)观点正确、条理清楚,文字流畅。

(3)在答辩中能比较正确地回答问题。

4. 及格

(1)能掌握一些材料,基本上说清楚了所写的问题。

(2)观点基本正确,条理清楚,文字通顺。

(3) 在答辩中经过提示能比较正确地回答问题。

5. 不及格

(1) 政治观点有明显的错误。

(2) 掌握的材料很少,或对所收集的材料缺乏分析、归纳,不能说明所写的问题,或未经自己思考,仅将几篇文章裁剪拼凑而成。

(3) 文字不通,条理不清,词不达意,字数大大少于规定的字数。

(4) 抄袭或由他人代笔。

(5) 在答辩中经过提示仍不能正确回答问题的。

第二节　毕业论文与毕业设计指导

毕业论文与毕业设计的指导一般包括选派指导教师,明确指导目的、要求和原则,掌握指导方法三个方面的工作。

一、指导教师的地位和作用

（一）指导教师的作用

大学毕业生在进行毕业论文（毕业设计）的写作过程中,学生是学习和实践的主体,指导教师则发挥着主导作用,两者是教与学的关系,教师的指导是十分重要的。教师的指导作用体现在以下三个方面。

(1) 教师通过指导,告诉学生如何写作毕业论文与进行毕业设计。由于学生第一次写作毕业论文或进行毕业设计,心中无数,甚至有紧张的心理状态。通过指导教师的介绍,使学生对毕业论文（毕业设计）写作的目的、要求、步骤和方法有所了解,做到心中有数,才能有计划地进行。

(2) 教师的指导能为学生排忧解难,把关定向,使学生的毕业论文（毕业设计）的写作得以顺利进行。学生在毕业论文（毕业设计）的写作过程中,不可避免也会遇到难以解决的问题。指导教师可以从实际出发,抓住重点、难点和关键环节进行启发诱导,辅导答疑,帮助学生及时解决疑难问题,排除"拦路虎"。

(3) 指导教师水平的高低直接影响学生毕业论文（毕业设计）的质量。学生毕业论文（毕业设计）的好坏、质量的高低,固然与学生的学业基础、积极性、创造性发挥有着直接的关系,但与指导教师的指导水平、指导方法和责任心有着密切的关系。

（二）指导教师的职责

教师在指导学生写作毕业论文与进行毕业设计中的主要职责是：根据毕业论

文和毕业设计教学大纲的要求,结合课题任务,在毕业论文与毕业设计中抓好学生的业务指导,加强学生的教育管理和负责有关方面的联系、协调工作。具体地讲,指导教师具有以下职责。

(1) 做好指导的准备工作,包括思想、资料、物质等方面的准备,制订指导计划,落实教学场地等。

(2) 了解自己所担负指导的每个学生的情况。

(3) 负责对学生的毕业论文和毕业设计写作的业务指导,指导内容包括:

① 帮助学生最后选定课题;

② 指导学生查阅文献资料、规范和手册;

③ 选择观察、实验、调查、试验和生产实习场地;

④ 指导分析资料、处理数据、提炼观点;

⑤ 审定论文提纲或设计方案,指导研究方法;

⑥ 解答疑难问题;

⑦ 介绍论文或设计任务书的写作方法。

(4) 指导学生制订毕业论文与毕业设计写作的工作计划,检查进展情况,全面掌握学生工作进度,定期向有关领导汇报。

(5) 毕业论文和毕业设计中的教学、实验和参观场所的联系安排,协调与有关单位的关系,处理好有关事宜。

(6) 对学生进行组织纪律和安全教育,督促学生严格遵守有关规章制度,严防事故发生。

(7) 审阅学生毕业论文(毕业设计)参加答辩,评定成绩。

(三) 指导教师的基本素养

(1) 对学生的毕业论文(毕业设计)指导有正确的认识和较强的责任感。

(2) 要具有雄厚的专业基础。常言道:"老师要有一桶水,才能盈满学生一杯水。"指导学生写作毕业论文(毕业设计)的教师,应具备以下素养:

① 本学科的基本理论、基本知识和基本技能较深厚;

② 了解学科研究的历史、现状和发展趋势;

③ 熟悉所指导课题的研究情况;

④ 明了毕业论文(毕业设计)写作的教学目的、要求,及其写作基本知识;

⑤ 具有指导毕业论文(毕业设计)写作的实践与经验。

二、指导原则与方法

一名优秀的指导教师,不但要具有工作热情、实干精神的业务素养,而且要遵循指导原则,注意工作方法。

(一)指导原则

毕业论文(毕业设计)的指导原则应是"全面负责,培养能力,启发诱导,因材施教"。

所谓"全面负责,培养能力",是指指导工作的任务是全面负责。从时间上说,从准备工作到答辩结束;从内容上说,不仅对学生的毕业论文(毕业设计)写作全面负责,而且对思想动员、业务指导和生活也要管理。"培养能力",是指工作的落脚点,即把着眼点始终放在培养学生的能力上。

所谓"启发诱导,因材施教",是指指导方法问题,如介绍有关知识和要求,典型示范等。在指导方法上既要防止"撒手不管""放鸭子"的毛病,又要防止教师"包办代替""抱着走"的倾向。

(二)指导方法

为了贯彻指导原则,教师在指导时必须做到以下四点。

(1)掌握教学要求,贯彻落实指导的目的。

(2)统筹安排,加强指导工作的计划性。教师指导工作的头绪多,要求高,时间紧,学生的学业程度参差不齐,这就要求教师必须加强指导工作的计划性,以便抓住重点,突破难点,抓好全面。

(3)深入实际,注意指导工作的针对性。指导教师必须深入实际,了解掌握每个学生的工作进程、困难和问题,从学生的实际困难出发,因材施教;对优才生可加大难度、深度,大胆放手;对基础差的学生,要加强个别指导;对共同性的问题要集体解答;凡属于个别问题则个别指导。由此做到指导工作有的放矢,针对性强。

(4)讲求实效,保证指导工作的及时性。毕业论文(毕业设计)的写作时间紧,任务重,必须抓紧、抓好,指导有方,讲求实效。为此,指导教师要努力使指导工作做到有预见性,抓关键问题,及时解决指导工作中发现的问题,善始善终地做好指导工作。

三、毕业论文指导

(一)准备工作

1. 指导学生端正写作态度

撰写毕业论文,学生容易产生两种思想倾向:一是怕;二是骄。"怕"是怕写不好,心中无底;"骄"是满不在乎,轻率上阵。指导教师要针对这两种思想做好教育工作。

2. 指导学生选好论文题目

指导教师要向学生讲清选题的目的性,介绍有关资料,选择有研究价值的问题,要依据主客观条件,量力选题。

3. 向学生介绍研究方法和文献资料

指导教师根据论题类别,向学生介绍本论题的研究方法、需要查找哪些文献资料及如何查找,指导学生做文摘笔记或卡片。

4. 指导社会调查和科学实验

在学生进行社会调查和科学实验时,指导教师要介绍实验、社会调查的基本知识,如调查项目,拟写调查提纲及注意事项,指导分析调查结果,制订实验方案等。

(二) 构思阶段

1. 指导学生分析材料、确立论点

学生往往在获取大量的材料后无从下手,这时需要指导教师及时进行指导。这时,指导教师一方面要向学生介绍分析材料、提炼论点的基本方法和基本要求,另一方面要消除学生的顾虑,帮助其树立信心。

2. 指导学生草拟提纲

在草拟提纲时常常有一些学生不想写提纲而直接写初稿,认为写提纲花费时间。也有些学生不知道如何写提纲。针对学生中出现的实际情况,指导教师要讲解草拟提纲的重要性,说明提纲可帮助学生树立全面观念,从整体出发去布局谋篇、安排材料,从而保证毕业论文的写作质量。

(三) 撰写阶段

这个阶段,指导教师要抓住两个环节,即撰写初稿和修改。在撰写初稿时,指导教师对部分概括和归纳问题能力、逻辑思维能力、写作能力较差的学生要加强个别指导。而对能力强的学生则应提出高一些的要求,使其得到更好的锻炼。

初稿写完后,有一部分学生认为"完成了任务",有的学生存在"一稿定论"的想法,有的学生确实想修改,却不知如何去修改。针对这些情况,指导教师要反复讲清修改论文的重要性,并介绍修改论文的基本要求和方法,要求学生从内容到形式,直到每一个字、词、句,都要进行修改。审定基本论点以及说明它的若干分论点是否准确、明确;运用材料是否真实,有说服力,材料的安排与论证是否富有逻辑性;全文的各个部分是否均衡等。

(四) 答辩阶段

指导教师针对学生对答辩产生的畏惧心理,以及不知如何答辩的情况,向学生反复指出答辩时老师提出的问题均在论文内容的范围之内,只要认真准备一般都可答出来,无须紧张害怕。另外,指导教师要让学生做好答辩前的三方面准备工作,即思想准备、内容准备和物质准备。

四、毕业设计指导

教师的指导工作是提高毕业设计的关键。教师的指导应贯穿于毕业设计的全过程。在指导中,教师应着重于工作方法和思想方法的指导,从启发学生运用自己学过的基本知识来思考问题、分析问题和解决问题,运用专题讨论和启发诱导式答疑与辅导,注重培养学生的独立工作能力和自学能力;严格要求,耐心指导,掌握学生设计的进度,经常了解学生掌握知识的牢固程度、独立工作的能力和存在的困难,要求学生按时完成任务。指导教师的具体指导可分为以下四个阶段。

(一)准备阶段

在准备阶段,指导教师应指导学生做好思想准备和材料准备。

对于思想准备,指导教师要做好以下三个方面的工作:

(1)要指导学生端正设计的工作态度,克服"怕"或"骄"的思想;

(2)指导学生选择课题;

(3)要向学生介绍设计大纲,讲解设计基本常识,布置设计课题及其具体要求,使学生明白进行毕业设计结构是重点、计算是基础、论证是关键、绘图是核心,并制订出设计的计划与具体安排。

对于材料准备,指导教师要向学生介绍设计的有关资料,指明要查阅哪些规范和手册,以及查找的途径和方法。

(二)设计阶段

这个阶段主要进行可行性研究设计、初步设计、施工设计等项工作,这是毕业设计过程的重要环节,学生的疑难问题也相当多,指导教师要注意从以下四个方面进行指导。

1. 指导学生进行可行性研究设计

指导教师组织学生到设计现场参观学习,了解情况,确定有关参数与技术指标,选定专业设备型号,进行设计的可行性研究。

2. 指导学生进行结构设计是毕业设计的重点

指导教师在介绍有关结构设计的基本知识和原理的基础上,启发学生注意从材料制造、安装、装配、检验、维修等方面进行全面考虑。

3. 指导学生学会正确决定计算结果的数值

在设计过程中,设备及零部件的尺寸都是靠计算和核算来确定的。指导教师要指导学生如何决定计算结果的数值,启发学生明确有效数字概念和数值上的工程概念,引导学生大胆而慎重地修改设计,使设计更加合理。

4. 指导学生绘制流程图、设备图等草图

指导教师要注意以下三点：

（1）要求学生画内容详细的草图，再修改加工成正式的图纸；

（2）启发学生认识绘制流程图、施工图等图纸时涉及的有关工艺、生产、机械加工、政策、标准等诸多问题；

（3）检查学生确定尺寸的依据和采用结构形式的理由，肯定其优点，修正错误。

（三）撰写设计任务书阶段

设计任务书是描写设计思想并对设计方案进行解释与说明的书面材料，它是设计成果的结晶，指导教师要进行重点指导：一是介绍编写毕业设计任务书的基本知识，指导学生草拟毕业设计任务书的写作提纲；二是要指导学生在写作毕业设计任务书时要明白设计任务书的特点、原则和要求。同时，还要注意写作上要处理详略关系；分析问题时要客观，注意分寸；使用词句时要简洁、通畅、清楚。

（四）答辩阶段

答辩是毕业设计的最后一个环节，答辩可以反映出设计水平和质量。指导教师要重点指导学生写好答辩报告，引导学生归纳和总结毕业设计的全部内容并加以提高。

附录一　部分高等院校毕业设计与毕业论文实施细则参考

【细则参考一】

某高校本科毕业设计（论文）工作实施细则

本科毕业设计（论文）是人才培养方案中的重要实践教学环节，是实现人才培养目标、培养学生能力、提高学生综合素质的重要手段。毕业设计（论文）的质量，是学院教育教学质量评价的重要内容。为保证我院本科毕业设计（论文）的质量和毕业设计（论文）指导工作有序开展，特制定本实施细则。

一、目标和要求

（一）本科毕业设计（论文）的目的是培养学生综合运用所学基础理论、专业知识和基本技能，提高分析和解决专业实际问题的能力，培养学生勇于创新的精神和实事求是的工作态度。根据学院人才培养目标的要求，毕业设计（论文）应侧重以下能力的培养：

1. 综合运用专业知识进行分析论述的能力；
2. 调查研究、文献检索、资料查阅及运用能力；
3. 研究内容和实施方案的设计（实验）能力；
4. 运用本学科、本专业常规方法获取、分析处理数据的能力；
5. 计算机基本应用能力；
6. 基本的文字写作和论文撰写能力；
7. 语言表达及逻辑思维能力。

（二）毕业设计（论文）工作和时间，要严格按照培养方案和学院的总体要求执行。学生要在教师指导下，认真进行毕业设计（论文）的各项工作，及时向指导教师汇报进展情况，按时完成毕业设计（论文）工作。

二、选题

（一）毕业设计（论文）的选题，必须符合专业培养目标要求，体现本专业基本内容，对所学知识进行综合运用。选题应结合本专业实际类型，在保证基本工程训练、掌握本学科基本功的基础上，尽可能选择与当前的生产实际、工程实践、社会实践、管理实践和科学研究相结合的拓展性、提高性专题,使学生得到理论联系实际、创新精神与实践能力等较为全面的综合训练。

（二）毕业设计（论文）原则上一人一题,如确因题目较大,可允许2人或多人做同一个题目,但在内容上要有明确分工,必须明确每个学生应独立完成的任务,并用副标题加以区别。选题可采取学生自选与指导教师分配相结合的方法,由教研室进行调整和平衡。

（三）毕业设计（论文）题目难易程度要适当,内容分量要合理,要考虑实际条件并符合学生的实际水平,使学生在计划时间内完成。题目一经确定,不得随意变更,如因特殊情况需要变更,学生本人必须提出书面申请,经所在系主任同意,报教务处备案。

（四）根据学院人才培养目标,贯彻因材施教的原则。对个别优秀学生,在选题和内容上要提出较高要求,鼓励学生有所创新。

（五）毕业设计（论文）的选题和内容应以本专业为主体,允许不同专业互相结合,但不允许跨学科选题。

三、指导教师

（一）毕业设计（论文）的指导教师一般应具有讲师及以上资格（包括在管理部门工作的教师、基础课教师）。各系也可聘请校外企事业单位及经营管理部门中具有副高以上职称者担任毕业设计（论文）的指导工作,所聘校外指导教师数不得超过本系毕业（设计）论文指导教师总数的30%。

（二）鉴于学院指导教师的实际情况,每位教师指导学生毕业设计人数原则上不得超过10人。教师指导学生毕业论文原则上不得超过12人,如有特殊情况必须报教务处审批。对首次参加毕业设计（论文）指导工作的教师,应安排有经验的教师对其工作进行指导。

四、组织管理及职责

全院毕业设计（论文）工作在主管院长的领导下,实行教务处、各系、教研室三级管理,分层负责毕业设计（论文）工作的管理、指导、检查、考核和总结归档工作。

（一）教务处职责

教务处负责制定毕业设计（论文）的相关制度及规定,组织对毕业设计（论文）工作的检查和质量监控;协调院内有关部门,为毕业设计（论文）工作的进行提供保障;负责组织对毕业设计（论文）工作的考核、总结和评优等。

（二）各系职责

各系负责本系毕业设计（论文）工作的全程管理，其主要职责是：

1. 组织教研室根据本专业人才培养方案，落实本系毕业设计（论文）的具体工作，如选题、开题报告、本系对毕业设计（论文）的具体要求等；

2. 按教务处要求组织对毕业设计（论文）工作的过程检查；

3. 确定本系毕业设计（论文）答辩委员会名单，上报教务处；

4. 组织本系毕业设计（论文）答辩工作；

5. 按学院要求推荐优秀毕业设计（论文）和优秀指导教师；

6. 负责本系毕业设计（论文）的总结和存档。

（三）答辩委员会职责

1. 负责组织、协调本单位毕业设计（论文）答辩工作。

2. 指导各答辩小组成员的工作。

3. 对各答辩小组的毕业设计（论文）成绩进行审核，对本系毕业设计（论文）成绩进行宏观控制。

4. 做好毕业设计（论文）答辩工作的总结。

（四）专业教研室职责

专业教研室是毕业设计（论文）工作组织与实施的基层单位，其主要职责是：

1. 审核确定毕业设计（论文）题目及指导教师；

2. 负责组织学生的选题工作；

3. 检查学生毕业设计（论文）进度、质量和纪律，检查指导教师对学生的指导情况；

4. 组织指导教师对学生答辩资格进行审查，组织毕业设计（论文）的评审、评阅及答辩；

5. 收集、整理、提交毕业设计（论文）资料（含电子文档）、成果等；

6. 向所在系提交毕业设计（论文）工作总结。

（五）指导教师职责

1. 拟定选题方向。

2. 进行毕业设计（论文）指导的准备工作，对学生的设计方法、方案论证以及课题方向等作必要的启发式指导。

3. 检查学生毕业设计（论文）的进度和质量，安排时间、地点为学生指导、答疑，指导学生规范地撰写毕业设计（论文），并对规范性负责。

4. 认真审查学生的开题报告、译文、毕业设计（论文）成果、毕业设计（论文）的规范化程度、答辩资格等项目,对检查出的问题及时反馈、上报。

5. 对不认真进行毕业设计(论文)的学生,指导教师有权终止其毕业设计(论文),成绩按不及格处理,并逐级上报至教务处。

6. 收集学生的毕业设计(论文)资料[包括毕业设计(论文)和电子文档、毕业设计(论文)副本附件等],按时交教研室,由教研室交教学单位统一保存。

五、工作程序及要求

本科生毕业设计(论文)工作的程序:

确定指导教师及题目—学生选题—下达任务书—毕业设计(论文)过程检查—评阅及答辩资格审查—组织答辩—评定成绩—总结归档。

(一)确定指导教师及题目

各系应于每年10月底前完成当年毕业设计(论文)指导教师人选和题目拟定工作。

(二)学生选题

指导教师根据学生毕业实习的内容和方向以及学生自身的知识能力情况确定题目,题目确定后按学院统一要求填写毕业设计(论文)题目汇总表(见附件),由各系统一汇总后报教务处备案。

(三)过程检查

为保证毕业设计(论文)的质量,专业教研室、各系和教务处对毕业设计(论文)工作实施过程检查。分前期、中期、后期三个阶段进行检查。检查的主要内容包括:

1. 前期:检查毕业设计(论文)工作的准备情况,设计安排是否合理。

2. 中期:着重检查工作进度、教师指导情况及毕业设计(论文)工作中存在的困难和问题,并采取必要、有效的措施进行解决。各教研室应有书面检查记录,各系要向教务处上报中期检查情况,教务处汇总后向主管教学院长汇报检查情况及处理意见。

3. 后期:检查答辩的准备工作,根据开题报告及毕业设计(论文)的规范化要求,检查学生完成任务情况,教务处对各系答辩工作进行随机抽查。

(四)评阅及答辩资格审查

1. 指导教师评阅

毕业设计(论文)撰写完成后,学生应在毕业答辩前10天将毕业设计(论文)送交指导教师审查。指导教师结合毕业设计(论文)的全过程对每个学生进行全

面考核,作出较客观的评价,给出评语并评定成绩。考核评价的主要内容有:

(1) 学生是否较好地掌握了题目所涉及的基础理论、基本技能和专业知识;

(2) 在完成毕业设计(论文)过程中是否有创新性思考,研究方法和手段、计算机及外文应用能力是否得到锻炼;

(3) 毕业设计(论文)期间所表现出的学习态度、学习纪律怎样;

(4) 毕业设计(论文)的质量、规范化程度是否达到预期目标和规定要求;

(5) 对主要内容是否有抄袭、剽窃、顶替代笔等现象作出判定。

2. 评阅教师评阅

答辩前,学生的毕业设计(论文)全部材料应由评阅教师详细评阅。评阅教师应针对选题方向、研究思路、设计能力、设计内容及与开题报告的符合度等方面作出评价,写出具体评阅意见,并提出论文的不足和改进意见。

有下列情况之一的学生,取消其毕业设计(论文)答辩资格,并由学生所在系填报取消本科生毕业答辩资格登记表一式三份,学生本人和所在系各留一份,提交教务处一份。

(1) 累计缺席时间超过做毕业设计(论文)时间的 1/3 以上。

(2) 做毕业设计(论文)期间有重大违规违纪事件发生。

(3) 毕业设计(论文)的主要内容为剽窃或抄袭他人成果。

(4) 毕业设计(论文)的内容不符合《××××大学××学院本科毕业设计(论文)写作规范》的要求。

(5) 指导教师评定成绩不及格者。

(五) 组织答辩

1. 毕业设计(论文)结束时,各系应成立答辩委员会,负责本系学生毕业设计(论文)答辩工作,具体答辩形式由各系根据专业特点和具体情况自行确定。

2. 各系答辩委员会设主席、副主席各1名,委员3~5名。答辩委员会可下设若干答辩小组,每组3~5人,设组长1人,秘书1人。答辩前,答辩委员会要统一答辩的要求和评分标准,各答辩小组必须认真执行。

3. 答辩时,除了对学生毕业设计(论文)内容提出质询外,还可以考核有关的基本理论、计算方法、实验方法等。

4. 答辩小组在答辩完毕后,应根据学生毕业设计(论文)的完成情况、答辩情况给出答辩成绩。

(六) 成绩评定

1. 毕业设计成绩由指导教师、评阅人和答辩小组评分三部分构成,各部分所占比例及评分标准按照毕业设计(论文)评价表中相应比例执行,每部分成绩均应

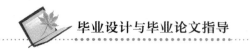

以百分制计,学科答辩小组按要求评定总成绩,满分100分。

2. 答辩委员会要对毕业设计(论文)的成绩进行宏观控制。最终成绩按排序分优秀、良好、中等、及格和不及格五个档次,各档次所占比例分别为:优良率占65%,其中优秀不超过15%;中等占20%;及格及以下占15%,其中不及格不超过3%。

(七)总结归档

1. 答辩结束后两周内,各系上报毕业设计(论文)工作总结。为了客观地反映毕业生的知识、能力、素质等情况,提高教学质量,规范教学管理,各系应从毕业设计(论文)的选题情况、指导情况、总体水平反映出的本科教育教学质量和存在的问题、对今后教学工作的意见和建议等方面认真做好书面总结。

2. 各系负责整理归档,保存期为学生毕业后2年,优秀毕业设计(论文)长期保存。

六、其他

若学生在校外做毕业设计(论文),其各项工作应符合学校有关规定。

实施细则中未尽事宜,由各系进一步细化。

本实施细则由教务处负责解释。

【细则参考二】

某高校本科毕业设计(论文)工作实施细则

1. 总则

毕业设计(论文)是高等学校教学过程中实现培养目标的最后一个综合性教学实践环节。学生应在教师指导下,按照教学计划的要求,独立完成一项毕业设计任务或撰写一篇毕业论文。毕业设计(论文)是学生在校期间所学知识、理论及各种能力的综合应用与升华,是创新潜能得到激发的过程,是对各专业教学目标、教学过程、教学管理和教学效果的全面检验。

2. 毕业设计(论文)选题

2.1 选题原则

2.1.1 毕业设计(论文)的选题必须符合专业培养目标和教学基本要求,力求有利于巩固、深化学生所学的知识;有利于培养学生的独立工作能力和创新能力;有利于使学生得到较全面的专业基本训练、科研能力和工程师素质的培养。

2.1.2 毕业设计(论文)的选题要体现多样性原则,以满足相应学科、专业的工程实践训练和创新思维、创新能力的培养。课题可以是源于实际的题目,也可以是专题研究或理论研究课题。应贯彻因材施教的原则,充分发挥学生的专长和创造潜能。注重在毕业设计(论文)过程中运用新技术、新理论、新方法,尽可能安排有较多实践机会的课题。要求与科学发展、工程实际或社会实际相结合的课题占80%以上。

2.1.3 题目的深度、广度和难度要适当,学生经过努力能按时完成任务。对于结合生产和科研实际的较为复杂的课题,要能取得阶段性成果。注意学科发展前沿和方向,题目加以更新,课题不得有4年以上的陈旧题目(每年题目的更新率要在30%左右)。

2.1.4 工科类专业选题要体现理论联系实际的原则,密切联系科研、生产、实验室建设或社会实际,促进产、学、研的结合,增加课题的应用价值,设计性课题应占60%以上;理科类专业的学生毕业设计(论文)要有一定的学术水平,选题应来源于基础研究、应用基础研究和学科前沿;文、经、管、法类选题,原则上要反映社会、经济、文化实际问题和热点问题。

2.1.5 毕业设计(论文)的题目一般由指导教师拟定。提倡学生发挥自主创新,提出自己的想法,与教师共同命题。题目要有新颖性,有一定的学术性。

2.1.6 指导教师拟定的毕业设计(论文)题目,经系(教研室)集体讨论认定后,由院系(教研室)主任签字后方可执行。

2.2 课题的分配

2.2.1 毕业设计(论文)的题目确定后向学生公布,课题(论文)数目原则上应大于学生选题人数的20%。学生根据自己的实际情况和兴趣,申报选题意向。

2.2.2 课题分配实行师生双向选择,对双向选择不能落实的课题由专业教研室负责协调落实。每位教师指导的学生不超过8人。有条件的学院可根据教育部工程教育专业认证标准每位教师最多指导6名学生。

2.2.3 课题要确保"一人一题",如果确因题目较大,需多位同学共同参与时,可将任务分解成多个相对独立的子任务,每位学生要独立完成各自的任务。

3. 毕业设计(论文)的时间安排

(参考各校具体安排)

4. 毕业设计(论文)指导教师的任务

4.1 指导教师的资格

4.1.1 毕业设计(论文)的指导教师必须具有讲师(或相当于讲师)以上职称或具有硕士、博士学位。

4.1.2 毕业设计(论文)的指导教师应具有较丰富的理论教学和实践经验,

业务水平高、治学严谨、责任心强,能做到为人师表、教书育人。校外指导教师应具有工程师以上职称,并出具指导教师单位介绍信和本人的相关专业技术职务资格证书,交学院审查、认可后,报教务部教学办公室备案。

4.2 对指导教师的要求

指导教师是毕业设计(论文)工作的主导,充分发挥指导教师的主导作用是提高毕业设计(论文)质量的关键。

4.2.1 要善于教书育人、因材施教、启发引导,充分发挥学生的主动性和积极性,注重培养学生的创造能力、创新能力和实践能力。

4.2.2 严格要求学生,关心学生的思想和生活;教师应严格要求自己,以身作则,做学生的良师益友,及时纠正学生的不良思想和言行,对违纪学生要及时进行帮助教育。

4.2.3 提前掌握自己所指导的课题内容,了解、熟悉有关资料,并做好指导毕业设计(论文)相关准备工作。

4.2.4 应安排充足的时间与学生交流,对每位学生的指导和答疑时间每周不少于2次。

4.2.5 指导教师必须坚守教学岗位,特殊情况或因公出差需经系(教研室)、学院同意,并安排好所指导学生的毕业设计(论文)工作。公差返校后,应及时检查有关毕业设计(论文)的进度、质量和存在的主要问题,并予以及时指导。

4.3 指导教师的职责

毕业设计(论文)实行指导教师负责制。每位指导教师应对整个毕业设计(论文)阶段的教学活动全面负责。其主要职责是:

4.3.1 提出毕业设计(论文)题目,交系、教研室讨论。根据课题的性质和要求,编写毕业设计(论文)任务书,定期检查学生的工作进度。认真填写毕业设计(论文)过程记录表。

4.3.2 向学生介绍毕业设计(论文)的工作程序、写作或研究方法,为学生提供有关参考书目或文献资料,审查学生拟定的开题报告、写作提纲,并认真对学生的开题报告、写作提纲中所存在的问题实事求是地写出书面审查(修改)意见。

4.3.3 指导学生进行调查研究、文献查阅、方案制订、实验研究、上机运算或仿真、论文撰写(注意加强英文摘要部分写作指导)、论文装订、毕业答辩等各项工作,并对以上工作提出具体要求。

4.3.4 在外埠或外单位完成毕业设计(论文)部分环节的学生,其指导教师要将其工作内容、在外工作计划、安全及质量保证措施等以书面形式报学院批准、备案。要教育学生注意人身安全,确保学生按时、按质、按量完成毕业设计(论文)任务。

4.3.5 认真审阅学生的毕业设计(论文)初稿,并提出具体的修改意见。必须在学生答辩前审查完毕业设计(论文)(包括设计任务书、计算公式和数据、实验报告、图纸或论文等),对学生工作态度、能力、毕业设计(论文)水平、应用价值等实事求是地作出书面评价。审查毕业设计(论文)不出现原则错误和抄袭行为。

4.3.6 指导学生做好毕业设计(论文)答辩工作。指导学生对毕业设计(论文)材料进行整理,并将学生的毕业设计(论文)材料交教研室或学院归档。

5. 毕业设计(论文)对学生的要求

5.1 学生的资格

参加毕业设计(论文)的学生必须修完所学专业教学计划规定的相关课程,并达到学校规定的学分,特殊情况须经教务部批准。

5.2 对学生的要求

5.2.1 在毕业设计(论文)期间,严格遵守纪律,在指导教师指定的地点进行毕业设计(论文)。刻苦钻研,勇于创新,尊敬老师,团结合作,虚心接受教师及有关工程技术人员的指导。因事、因病离岗,应事先向指导教师请假,否则作为旷课处理。凡院系随机抽查3次不到者,评分降低一级,累计旷课时间达到或超过全过程1/3者,取消答辩资格,按"不及格"处理。

5.2.2 独立完成毕业设计(论文)任务,不得弄虚作假、严禁抄袭他人毕业设计(论文)和已发表的成果或请人代替完成,违反者按作弊论处。

5.2.3 主动并定期(每周1~2次)向指导教师汇报毕业设计(论文)的进展情况,主动接受指导教师的检查和指导。

5.2.4 保持良好的工作环境,定期打扫卫生。注意安全用电,离开工作现场时必须及时关闭水、电、门、窗及气源。厉行节约,爱护仪器设备,严格遵守操作规程及实验室有关规章制度。在校外进行设计(论文)工作的学生要遵守所在单位的有关规章制度。

5.2.5 完成毕业设计(论文)相关任务后,应按有关规定将毕业设计(论文)整理好,交指导教师评阅。答辩后负责将本人的毕业设计(论文)所有资料整理好并送交指导教师,由指导教师交到教研室或学院、系存档。

5.3 学生的任务

5.3.1 接受毕业设计(论文)任务后,在指导教师指导下写出开题报告,拟订出毕业设计(论文)工作方案。

5.3.2 认真按照工作计划进行文献查阅、资料收集、实习调查、实验研究等、分析设计或论文撰写,按时完成各个阶段的任务。

5.3.3 认真撰写毕业设计(论文)初稿,并按时交由指导教师评阅;按照指导

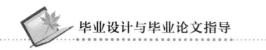

教师要求,对毕业设计(论文)进行认真修改,直至指导教师认可后定稿。

5.3.4 认真做好答辩前的各项准备工作,按时参加毕业设计(论文)答辩。

6. 毕业设计(论文)的撰写要求

6.1 基本要求

6.1.1 毕业设计(论文)应主题突出,内容充实,结论正确,论据充分,论证有力,数据可靠,结构紧凑,层次分明,图表清晰,格式规范,文字流畅,字迹工整。

6.1.2 要求毕业设计(任务书)的字数一般为0.8万～1万字、毕业论文的字数一般为1.5万～2万字。翻译1万～2万印刷符(或译出5000汉字)以上的有关技术资料(并附原文),内容应尽量结合课题。

6.1.3 毕业设计(论文)中所使用的度量单位应采用国际标准单位,专业符号符合国标或行标。

6.2 内容要求

题目:应简洁、明确、有概括性,字数不宜超过20个字。

目录:写出目录,标明页码。

摘要:应按第三人称撰写,要有高度的概括力,语言精练、明确。同时有中、英文对照,中文摘要约300汉字;英文摘要约250个实词,翻译应与中文对应。

关键词:从论文标题或正文中挑选3～5个最能表达主要内容的词作为关键词,以便检索,同时有中、英文对照,分别附于中、英文摘要后。

正文:包括前言、本论、结论三个部分。

前言(引言):是论文的开头部分,主要说明论文撰写的目的、国内外研究现状及现实意义、对所研究问题的认识,并提出论文的中心论点等。前言要写得简明扼要,篇幅不要太长。

本论:是毕业论文的主体,包括研究内容与方法、结果与分析(讨论)等。在本部分要充分运用相关理论和研究方法,分析问题、论证观点。尽量反映出自己的科研能力和学术水平。

结论:是毕业论文的收尾部分,是围绕本论所作的结束语。其基本的要点就是总结全文、加深题意,突出研究的新进展或主要结论性成果。

(答)谢词:简述自己撰写毕业论文的体会,并对指导教师和协助完成论文的有关人员表示谢意。

参考文献:在毕业论文中应按顺序号标注所参考的文献并在毕业论文末尾列出在论文中所参考的专著、论文及其他资料(一般10篇以上),所列参考文献应按论文参考或引证的先后顺序排列。

注释:在论文写作过程中,有些问题需要在正文之外加以阐述和说明(放在当页页脚)。

附录:对于一些不宜放在正文中,但有参考价值的内容,可编入附录中,附于(答)谢词之后。

6.3 其他要求

6.3.1 文字:论文中汉字应采用《简化汉字总表》规定的简化字,并严格执行汉字的规范。所有文字字面清晰(建议采用计算机打印)。

6.3.2 表格:论文的表格应有表名、表号,表号可以统一编序,也可以逐章单独编序。表号必须连续,不得重复或跳跃。表格的结构应简洁。表格中各栏都应标注量和相应的单位。表格内数字须上下对齐,相邻栏内的数值相同时,不能用"同上""同左"和其他类似用词,应一一重新标注。表名和表号置于表格上方中间位置。

6.3.3 图:工科类各专业的学生在进行产品设计时,应有方案草图和必要的手工测绘图,手工绘图量应占总绘图量的1/3左右。插图要有图号、图名(根据惯例需要标注的),图号可以连续编序,也可以逐章单独编序。图号必须连续,不得重复或跳跃。仅有一图时,在图名前加"附图"字样。毕业论文、毕业设计任务书中的插图以及图中文字符号应打印,无法打印时一律用钢笔绘制。由若干个分图组成的插图,分图用 a、b、c……标出。图号和图名置于图下方中间位置。

6.3.4 公式:论文中重要的或者后文中须重新提及的公式应注序号并加圆括号,序号一律用阿拉伯数字按章编序,如(6-10),序号排在版面右侧,且与右边距离相等。公式与序号之间不加任何线段(直线、虚线、点线)。

6.3.5 数字用法:公历世纪、年代、年、月、日、时间和各种计数、计量,均用阿拉伯数字。年份不能简写,如2013年不能写成13年。数值的有效数字应全部写出,如0.50∶2.00不能写作0.5∶2。

6.3.6 软件:软件原程序清单要按软件文档格式附在论文后面,特殊情况可在答辩时展示,不附在论文内。

6.4 毕业设计(论文)书写格式

(参考各校相关规定)

7. 毕业设计(论文)的成绩考核

7.1 毕业设计(论文)的评阅

7.1.1 指导教师评阅

指导教师应对所指导学生的毕业设计(论文)进行全面、认真的评阅,根据毕业设计(论文)的要求,结合设计(论文)工作量、论文质量和外语水平和学生在毕业设计(论文)期间的工作表现等实事求是地作出书面评价。认真填写《毕业设计

（论文）审阅/答辩成绩评定书》，根据毕业设计（论文）成绩评定标准，按五级记分制给出评阅建议成绩。

7.1.2 评阅人评阅

在答辩前，各专业教研室应组织本学科教师进行交叉评阅，对毕业设计（论文）中内容质量及所存在的问题进行实事求是的评价，写出评语。评阅人根据毕业设计（论文）评定标准，按五级记分制给出评阅建议成绩。

7.2 毕业设计（论文）的答辩

各学院组织答辩，以检查学生是否达到了毕业设计（论文）的基本要求为目的。各学院要充分做好毕业设计（论文）答辩前的各项准备工作，成立答辩委员会。

7.2.1 答辩委员会的组成

毕业设计（论文）答辩工作由各学院答辩委员会组织并主持，学院答辩委员会由学科专家和学院领导组成（5～7人）。答辩委员会可根据需要决定组成若干答辩小组，答辩小组由3～5人组成。答辩小组具体负责学生的毕业设计（论文）答辩工作。如请校外人员参加，须事先报学院批准、备案。答辩现场应布置得庄严、有学术气氛。

各学院要认真做好答辩前的准备工作。答辩委员会或答辩小组要统一答辩要求和评审标准。答辩时，主要考核学生掌握与课题密切相关的基础理论、实验技能、数据处理等业务水平以及分析解决实际问题的能力。

7.2.2 答辩委员会的职能

审定学生毕业答辩资格。审定的具体内容如下：(1) 是否有重大违规、违纪事件发生；(2) 毕业设计（论文）材料是否齐全。公布答辩时间、地点和答辩学生姓名一览表。审查各答辩小组对毕业设计（论文）的评定成绩。给出参加学院大组答辩的同学毕业设计（论文）成绩。根据工作需要决定是否聘请校外专家参加答辩。

7.2.3 答辩工作程序和要求

每个答辩小组应有专人做答辩记录，并将答辩过程中教师提问和学生回答的具体内容认真填写相关表格。答辩小组组长宣布毕业设计（论文）答辩开始，并宣布答辩小组成员名单。答辩人报告毕业设计（论文）主要内容。答辩小组提问，答辩人就所提问题进行回答（每位同学的答辩全过程不得少于20分钟）。答辩结束后，答辩小组对学生的毕业设计（论文）及答辩情况等确定成绩、写出评语。

7.3 毕业设计（论文）的成绩评定

7.3.1 评定方法

采用五级记分制评定成绩：优秀（100～85分）；良好（84.9～75分）；中等

(74.9～66分);及格(65.9～60分);不及格(60分以下)。要求优秀的比例一般控制在15%左右,良好的比例控制在40%以内,不及格的比例一般在5%左右。

7.3.2 评定要求

指导教师、评阅人和答辩委员会成员对学生的毕业设计(论文)进行成绩评定时,要求做到:实事求是,不要从印象出发,更不要以指导教师的声望作为评定该学生成绩的依据。对学生的独立工作能力、科学态度和工作作风,应予以充分的注意。评分时既要看学生上交的材料,也应考虑学生在毕业设计(论文)全过程的表现。毕业设计(论文)完成后,每位学生都要参加答辩。答辩委员会(答辩小组)根据学生毕业设计(论文)答辩情况,并参考指导教师、评阅人所建议的成绩给出成绩。答辩委员会(答辩小组)负责人认真填写《毕业设计(论文)审阅/答辩成绩评定书》中的答辩评语。答辩委员会(答辩小组)给出的成绩为学生毕业设计(论文)的最终成绩。优秀毕业设计(论文)评定须经学生本人书面申请、指导教师推荐,在学院进行大组答辩,根据答辩情况确定学生成绩。

7.3.3 评分标准

(见本书第四章"答辩成绩标准"和表4-1的相关内容)

7.4 答辩

从全校若干个学院的若干个专业班级中按学号随机抽取产生出参加答辩的学生名单(人数根据实际情况而定)。参加答辩的学生其答辩时间控制在40分钟之内,其中指导教师介绍情况3分钟左右,宣讲论文10～15分钟,提问及答辩15～20分钟。另外,对于毕业设计(论文)质量不高、内容不足、工作量未能达到教学基本要求的学生,指导教师可直接向学院提出终止该生答辩资格的申请,经学院答辩委员会批准后,方可要求其重修毕业设计(论文)。

8. 校级优秀毕业设计(论文)及毕业设计(论文)优秀指导教师的评选

8.1 校级优秀毕业设计(论文)评选条件

校级优秀毕业设计(论文)代表各专业学生毕业设计(论文)的最高水平。每个专业从应届本科毕业生撰写的已获得"优秀"成绩的毕业设计(论文)中遴选,凡被推选的毕业设计(论文)需经指导教师认真审阅,严把质量关(题目、内容、文字图表、参考文献、书写格式等方面)。

8.2 校级毕业设计(论文)优秀指导教师的评选条件

8.2.1 指导应届本科生毕业设计(论文)的在岗教师。认真贯彻、落实学校有关毕业设计(论文)工作方面的文件精神,对做好本科生毕业设计(论文)工作有切实可行的措施,履行毕业设计指导教师职责,表现突出者。

8.2.2 毕业设计(论文)选题符合专业培养目标,体现综合训练基本要求,题目难易适度,工作量饱满,紧密结合教学、科研或社会实际。指导的学生一人一题,注重题目的更新。

8.2.3 毕业设计过程管理规范,认真对待毕业设计(论文)工作的每一个环节,在毕业设计指导过程中,精力投入较大,教学认真负责,管理到位,要求严格,质量保证。并认真填写与毕业设计(论文)工作相关的表格,积极配合校、院毕业设计指导委员会的工作,对存在的问题及时与相关部门沟通。所指导的学生通过毕业设计(论文)工作,其成绩显著、收效明显。

8.3 评选办法

8.3.1 参加校级优秀毕业设计(论文)评选的学生,在毕业设计(论文)答辩后准备好相关材料,纸质及电子版资料各一份。

8.3.2 各学院必须严把质量关,认真评审,并将评审结果排序。教务部将组织校毕业设计指导委员会中的相关专家对申报材料进行评议,从中评选出校级优秀毕业设计(论文)汇编成册。

8.3.3 参加校级毕业设计(论文)优秀指导教师评选的老师须提出个人申请,经教研室、系、学院推荐,报教务部教学办公室。教务部将组织校毕业设计指导委员会中的相关专家对申报材料进行评议,从中评选出毕业设计(论文)优秀指导教师。

8.4 奖励办法

获校级优秀毕业设计(论文)奖项的学生,学校将颁发"优秀毕业设计(论文)"证书。获毕业设计(论文)优秀指导教师的老师,学校颁发"毕业设计(论文)优秀指导教师"证书,并给予物质奖励。

9. 毕业设计(论文)工作的组织管理

9.1 组织领导

全校的毕业设计(论文)工作在分管教学副校长统一领导下,由教务部、学院、系(所)、指导教师分级落实完成。

9.1.1 教务部职责

负责全校毕业设计(论文)的宏观组织管理工作。制定本校毕业设计(论文)工作的有关政策、制度和规定。负责组织、协调学校毕业设计(论文)指导委员会开展日常工作。负责组织全校性毕业设计(论文)工作的抽查、检查、评估和总结。同时加强与各学院间的联系,协调、解决学院在毕业设计(论文)工作过程中出现的问题。组织校级优秀毕业设计(论文)和优秀指导教师的评选。组织毕业设计(论文)管理工作的教学研究和改革。

9.1.2 学院、系、专业教研室职责

9.1.2.1 学院负责本院学生毕业设计(论文)工作的全过程管理。各学院成立由分管教学副院长负责的毕业设计(论文)领导小组。贯彻落实学校有关毕业设计(论文)管理规定,根据本院各专业培养目标和教学计划等实际情况,拟订本院毕业设计(论文)工作计划和实施措施。向各系、教研室(研究所)布置毕业设计(论文)工作任务,对学生进行毕业设计(论文)动员。

9.1.2.2 系、专业教研室负责组织审定毕业设计(论文)题目。

抓好题目审查、毕业设计(论文)的初期检查、中期检查、答辩等各个环节的质量检查和评估,并解决毕业设计(论文)工作中的实际问题。

9.1.2.3 成立院系答辩委员会和各专业答辩小组,组织全院答辩工作,审查答辩小组对毕业设计(论文)的成绩评定。负责评选、推荐校级优秀毕业设计(论文)和优秀指导教师。进行本院毕业设计(论文)工作总结,填写有关统计数据和表格。做好毕业设计(论文)文件的归档。

9.1.2.4 负责毕业设计资料的归档工作。注重检查毕业设计资料袋的封面是否规范填写,毕业设计资料袋中的资料是否完整。要求毕业设计资料袋先按专业班级集中整理,再按学生的学号顺序排列归档。

附录二 部分高等院校毕业设计与毕业论文参考范例

以下范文仅供参考,各专业可根据本专业特点选用不同的标题层次格式。

【范例一】

封面

```
××大学××学院
×× 毕 业 论 文
（201×届）


论文题目_____

院    系_____
专    业_____
年    级_____
学生学号_____
学生姓名_____
指导教师_____
     ××××年××月××日
```

内页

学位论文原创性声明

本人郑重声明:所呈交的学位论文,是本人在导师的指导下,独立进行研究工作所取得的成果。除文中已经注明引用的内容外,本论文不含任何其他个人或集体已经发表或撰写过的作品或成果。对本文的研究作出重要贡献的个人和集体,均已在文中以明确方式标明。本声明的法律结果由本人承担。

论文作者签名:　　　　　　日期:＿＿＿年＿＿＿月＿＿＿日

目录

目　　录

中文摘要 …………………………………………… ×
Abstract …………………………………………… ×
1. 产业结构与人力资源结构关系相关研究综述 … ×
1.1　产业结构与人力资源结构的定义与互动
　　　关系阐述 …………………………………… ×
1.1.1　产业结构与人力资源结构的定义 ……… ×
1.1.2　产业结构与人力资源结构的关系 ……… ×
1.2　产业结构与人力资源结构关系的国内外
　　　研究实践 …………………………………… ×
1.3　本文研究的思路与研究的重点 …………… ×
2. 广东省产业结构与人力资源结构数据整理与互动
　　效率分析 ……………………………………… ×
2.1　广东省产业结构与人力资源结构相关
　　　数据整理 …………………………………… ×
2.2　广东省产业结构与人力资源结构调整的互动
　　　效率分析 …………………………………… ×
2.3　广东省产业结构与人力资源结构互动效率
　　　分析结论 …………………………………… ×
3. 广东省产业结构与人力资源结构调整的定
　　位与困难 ……………………………………… ×
3.1　经济发展的宏观背景与区域经济发展的
定位 ……………………………………………… ×
3.2　产业结构与人力资源结构互动调整面临的主
　　　要困难 ……………………………………… ×
4. 广东省产业结构与人力资源结构互动调整的
　　对策分析 ……………………………………… ×

（目录要求：单独一页，"目录"两个字第一行居中，使用小2号黑体字，加粗。）

［目录要求：目录按次序列出中文摘要、Abstract、正文的三级标题（如1、1.1、1.1.1）、结论、参考文献、致谢的内容和页码。］

> 4.1 制定人力资源发展规划,提升人力资源
> 　　 区域竞争 ·· ×
> 4.2 根据区域经济发展定位与发展模式,制定
> 　　 产业发展规划 ····································· ×
> 4.3 制定普通教育与职业教育发展规划,前瞻
> 　　 性调整人力资源供给结构 ······················ ×
> 4.4 完善劳动力市场制度与法制,提高人力资
> 　　 源投资与配置效率 ······························· ×
> 4.5 根据产业结构升级需要,对人力资源结构
> 　　 进行针对性优化 ·································· ×
> 5. 结论 ··· ×
> 参考文献 ··· ×
> 致　　谢 ··· ×

摘要(中、英文)

中文摘要

　　产业结构与人力资源结构是经济结构的核心内容,在社会经济运行中,产业结构调整与人力资源结构调整互为基础、互为条件、相互制约、相互促进。产业结构与人力资源结构的互动调整与优化是保持经济发展持久竞争力的基本条件,是实现宏观经济目标的根本保证。

　　人力资源的数量结构和质量水平的内因是产业结构调整和升级。人力资源的质量稳定性与产业结构相对易变性,产业结构变化的前导性与人力资源结构调整的时滞性,使得产业结构与人力资源结构的实现互

(中文摘要要求:单独一页,"中文摘要"四个字在第一行居中位置,使用小2号黑体字,加粗。)

(中文摘要正文要求:内容使用小4号宋体字。起行空两格,回行顶格。中文摘要一般为250～300字。)

动调整的信度增大,效率提高加快。本文将就广东省产业结构与人力资源结构的变化分析区域产业结构与人力资源结构的互动现状与效率,结合广东发展实际研究如何提高广东省产业结构与人力资源结构的互动效率。

关键词：产业结构,人力资源结构,互动效率

(中文关键词要求：接中文摘要打印,"关键词"三个字使用4号宋体加粗,前空两格,后加冒号与关键词隔开,各关键词之间用逗号隔开。关键词一般为3～8个。)

Abstract

(外文摘要要求："外文摘要"单独一页,英文单词"Abstract"在第一行居中位置,使用小2号黑体字,加粗。)

The economic structure and industrial structure of human resources is the core content of the socio-economic operations. Structural readjustment of the industrial structure adjustment each other infrastructure and human resources to each other, checking each other. Human resources and industrial structure adjustment and optimization of the interaction of economic development is to maintain the basic conditions for a lasting competitive edge is the fundamental guarantee for achieving macroeconomic objectives.

The quantity and quality of human resources in the internal structure of industrial restructuring and upgrading. The relative stability of the quality of human resources and industrial volatility. Changes in the nature of pre-industrial structural adjustment and human resources Delay, makes industrial and interactive adjustment of the structure of human resources to achieve the increased reliability, efficiency gains accelerated. In this paper, the industrial structure in Guangdong Province will be changes in the structure of the analysis of human resources and regional human resources and industrial structure is the interaction situation and the efficiency of the actual combination of Guangdong and Guangdong Province studying how to improve the industrial structure and efficiency of interaction of human resources.

Key Words：Industrial structure, the structure of human resources, the efficiency of interaction

(外文摘要正文要求：使用小4号宋体字。起行空两格，回行顶格。外文摘要一般不超过250个实词。)

(外文关键词要求：接外文摘要打印，"关键词"英文单词"Key Words"使用4号宋体加粗，前空两格，后加冒号与关键词隔开，各关键词之间用逗号隔开。外文关键词应与中文关键词相对应。)

引言

引　言
　　在需求结构的拉动和资源结构的推动下，产业结构不断地从低级向高级发展，随着经济全球化的不断发展，市场需求的地域限制正在迅速地弱化，资源结构却日益成为产业结构演进的重要影响因素。而在各种资源中，人力资源是最活跃、最有影响力的资源。通过人力资源的开发，一个国家可以克服自然资源的不足，推动产业结构的优化，促进经济的可持续发展。
　　以下为正文部分内容（仅供参考）

1. 产业结构与人力资源结构关系相关研究综述

1.1 产业结构与人力资源结构的定义与互动关系阐述①

(引言要求：5号宋体，顶格。)

(正文字号为小4号宋体。正文行距采用多倍行距，行距设置值为1.25。)

(第一级标题要求：各层标题均单独占行。第一级标题居中放置，使用4号黑体字，加粗。)

---

① 本概念引自：王磊.产业结构变动与宏观人力资源开发[J].北京社会科学，2002(1)：2.

1.1.1　产业结构与人力资源结构的定义

（1）产业结构是指国民生产总值中各产业所占的比重及产业间互相关系……

（2）人力资源结构是指一定时间一定区域人力资源数量结构和质量结构……

1.1.2　产业结构与人力资源结构的关系

（1）产业结构决定人力资源需求结构，进而影响人力资源经济方向与水平……

（2）人们通常较多的将产业结构调整的决定因素归于体制因素、产业政策……

1.2　产业结构与人力资源结构关系的国内外研究实践[①]

国内外的研究理论已经证实，产业结构与人力资源结构是经济结构的核心内容，产业结构转变是经济发展过程的重要特征和解释经济增长速度和模式的本质因素，人力资源结构调整是就业的重要决定特征变量和经济持续竞争力的根本源泉，两者在经济的运行中相互影响、相互制约，两者的协调发展是宏观经济目标实现的根本条件之一。

在世界范围内，经过人力资源持续不断的开发，人力资本的水平日益提高，人力资源的数量结构与产业结构的更加配合，高素质人才的广泛使用，人力资源中人的知识、智力、创造力正以直接生产要素的身份进入生产活动，使劳动生产率大幅提高，新兴产业迅速增加，传统产业焕发生机，呈现出知识经济的特征。知识经济时代的经济核心竞争力就是对人力资源竞争力的竞争，在这个时期，人力资源结构对产业结构调整的制约与促进作用变得更加明显和直接，产业结构与

（第二、三、四等级标题要求：标题序数顶格放置，后空一格接标题内容，使用小 4 号宋体，加粗，末尾不加标点。）

---

① 李维.中国外资企业集体谈判制度实施现状研究[J].当代经济研究，2000(增刊)：12.

人力资源结构的互动关系更加紧密。通过合理的政策制度安排促进产业结构与人力资源结构之间建立战略性互动关系,采取有效的宏观调控手段确保互动作用的最大程度高效发挥,建立高效的产业结构与人力资源结构战略互动机制,是产业结构调整与人力资源结构调整的重要目标。

美国近50年来产业结构与人力资源结构调整的演进过程表明,美国产业结构升级与人力资源结构升级具有高度战略相关性。一方面,美国利用其对世界经济控制性影响,不断地引导世界产业结构根据美国的产业发展需要进行调整,实现本国产业结构的快速战略升级,美国依靠产业结构快速升级带来的强大的产业国际竞争优势,利用全球的人力资源对本国的人力资源结构进行战略性的优化整合,为产业结构升级提供坚实的人力资本积累和雄厚的智力支持;另一方面,美国人力资源结构的国际性战略调整形成的强大的人力资本竞争优势,不断地增加产业竞争力的人力资本内涵,促使美国最先进入以人力资本为核心的知识经济时代,实现了美国经济的持续高速增长。建立了良好的产业结构与人力资源结构战略互动关系机制,让美国在知识经济时代占尽先机。

现在国内对产业结构调整的研究主要集中在以下几个方面:研究三次产业发展现状,占GDP比重的大小与调整方向;基于三次产业对经济增长与就业的贡献率比较,研究三次产业比重的调整;研究产业结构调整升级与新兴支柱产业发展中我国当前产业结构中存在的突出问题、新兴主导产业的确立原则、新兴产业的确立及政策支持(中国社会科学院课题组,2003),研究国际竞争中产业结构的调整问题,对可能出现的产业结构低度化趋势和政府在产业结构调整中的作用进行研究(贾继锋,2001);研究外资结构配置与我国产业结构的状态及其矛盾,引导外资优化产业结构的调控机制和引导外资优化我国产业结构的调控战略(冷观等,2002),根据中国的资源特点、工业化发展的战略、国内市场规模的差异、国内区域间经济社会发展的不平衡性等,研究中国就业结构的演变、农村劳动力就业、劳动力市场完善、城镇劳动力的就业等问题(蔡昉,1999)(袁志刚,1995)(谌新民,1999)。

1.3 本文研究的思路与研究的重点

(1) 研究美国50年来的产业结构调整与人力资源结构调整的关系,分析产业结构调整与人力资源结构调整之间的关系,揭示两者战略互动的内在机理和经济学意义。

(2) 研究改革开放以来广东省各产业人力资源配置结构与各产业对经济增长和就业的贡献率变化的关系,分析人力资源结构变化对广东省产业结构调整的作用。

(3) 比较美国与广东省相同经济发展时期的产业结构与人力资源结构,评价广东省产业结构与人力资源结构的互动机制建立与作用发挥的水平。

(4) 研究知识经济对产业结构和人力资源结构的结构要求,分析广东省产业结构与人力资源结构调整的战略目标。

本文通过对广东产业结构和人力资源结构的分析并结合有关数据研究发现,广东产业结构的快速演进,极大地影响人力资源结构,使人力资源结构不断软化,但广东各地经济发展的不平衡性又造成了行业就业和外来人口就业分布的地区差异性,一些行业吸纳就业能力的大小和该地区相应产业的发展水平存在着一定的关系。这些特征对于我们全面认识和把握广东省的产业结构与人力资源结构互动关系的研究具有一定的意义。

2. 广东省产业结构与人力资源结构数据整理与互动效率分析

2.1 广东省产业结构与人力资源结构相关数据整理

产业优势是经济优势的核心,广东保持经济优势的关键在于能否继续充当全国产业升级与发展的领头羊。根据附表1和附表2(略),结合改革开放以来,第一、二、三产业在GDP中的比例分别由1978年的29.8:46.6:23.6演变为2002年8.8:50.4:40.8(如图1所示)。对照国际经验和工业化国家的发展水平进行分析可知,广东总体上已经由以工业资本的原始积累、产业规模的扩张、大量人口的非农化为主要特征的工业化初期阶段,进入到以产业技术的提升、产业结构的升级和人口素质的改善为主要特征的工业化中期阶段,工业化远未完成,今后仍面临着繁重的任务,因为第三产业比重日趋增大是产业结构高级化的客观趋势,是经济发展中的必然过程。

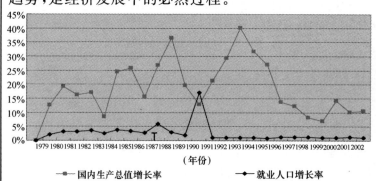

图1 国民生产总值增长率与就业人口增长率对比图

资料来源:根据《广东省统计年鉴》《中国劳动统计年鉴》(1978—2002年)整理所得

从图1我们可以看出:国内生产总值增长率一直是高于就业人口增长率……

2.2 广东省产业结构与人力资源结构调整的互动效率分析……

2.3 广东省产业结构与人力资源结构互动效率分析结论……

广东省经济增长的进程与产业结构和人力资源结构的调整的实践表明：改革开放的中前期，广东省利用世界产业结构调整的契机，实现了以制造业为中心的产业结构的跨越调整，产业结构快速调整带来了强大的产业竞争力，广东省凭借有力的产业竞争力利用全国的人力资源，对本省的人力资源结构进行与产业结构相适应的互动式调整。在这期间，广东省产业结构与人力资源结构的互动关系的初步形成，但两者之间的真正战略互动并未实现，即便如此，产业结构与人力资源结构的配合性调整依然为广东省经济发展提供了超前的产业和人力资本竞争优势，支持了广东经济20多年的高速持续增长，确立了广东省中国经济发展与改革开放的中心地位。

（1）发达市场经济国家的经济经验和广东省的实践都已证明产业结构与人力资源结构之间呈现极强的正相关……

（2）改革开放中前期，产业结构的跨越式升级和人力资源结构的配合性……

（3）传统差别性的产业布局与定位、单一的外源性的经济发展模式……

（4）广东省发展的关键在于把握国际产业结构调整和区域经济合作的良好发展契机……

3. 广东省产业结构与人力资源结构调整的定位与困难

"十五"时期是广东省经济与社会发展的重要时期，在这期间，广东省要保持经济持续的高速增长、要率先实现现代化,要实现经济与社会的协调发展。宏观发展战略目标能否实现关键在于能否建立良好的产业结构与人力资源结构的战略互动机制,促进产业结构与人力资源结构实现真正的战略互动与调整。"十五"规划提出,2005年第一、二、三产业增加值占GDP比重分别为13%、51%、36%,从业人员占全社会从业人员比重分别为44%、23%、33%,产业结构与人力资源结构的互动效率还有待提高,我们应该结合实际,放眼未来,制订出完善的计划,调整两者的互动关系,让它们的互动效率达到最高,为广东的经济作出更大的贡献。

3.1 经济发展的宏观背景与区域经济发展的定位……

3.2 产业结构与人力资源结构互动调整面临的主要困难……

4. 广东省产业结构与人力资源结构互动调整的对策分析

4.1 制定人力资源发展规划,提升人力资源区域竞争力

(1) 加大人力资源开发的力度,改善我国人力资源的素质结构……

(2) 改变教育内容及专业设置,以调整我省人力资源的专业结构……

(3) 超前进行人才培养以适应产业结构及就业结构转换的需要……

4.2 根据区域经济发展定位与发展模式,制定产业发展规划

传统的产业区域布局与行业定位使产业结构与人力资源结构之间的信息传导失灵,造成了区域产业发展畸形、行业发展单一……

4.3 制定普通教育与职业教育发展规划,前瞻性调整人力资源供给结构

(1) 大力发展教育事业……

(2) 将普通教育与职业教育结合起来……

4.4 完善劳动力市场制度与法制,提高人力资源投资与配置效率①

为了完善劳动力市场制度与法制,应该按下面几步走:

(1) 要进一步建立和完善劳动保障法律制度……

(2) 要依法推进就业和社会保障工作,切实贯彻落实《劳动法》精神……

(3) 要加强劳动关系协调和企业工资分配工作……

(4) 加大劳动保障监察执法力度,维护劳动者合法权益……

(5) 要进一步增强劳动保障法制宣传教育工作实效……

4.5 根据产业结构升级需要,对人力资源结构进行针对性优化

产业结构升级对人力资源开发在质量上产生要求……

5. 结论

总之,在解决具体的结构性问题的同时,一定要加大人力资源的开发力度,只有人力资源的数量富裕,层次多样,种类合理搭配,质量普遍提高,加上大量的、与国际水平接近的高质人才的带头作用,才会有产业结构调整的人力资源基础和结构升级的人才资源保证。

[正文脚注格式要求:注释采用页末注(将注文放在加注页的页脚)或篇末注(将全部注文集中在文章末尾),不可行中加注。注释编号选用带圈阿拉伯数字,注文使用小5号宋体字。]

---

① 张建武.劳动力市场的完善与政府宏观调控[J].中国劳动,2002(12):18-19.

参考文献

[1] 须重明,吴雪君.广义相对论与现代宇宙学[M].南京:南京师范大学出版社,1999:387-389.

[2] Szebehely V. Theory of Orbits[M]. Newyork/London:Academic Press,1967:203-211.

[3] 金显贺,王昌长,王忠东,等.一种用于在线检测局部放电的数字滤波技术[J].清华大学学报(自然科学版),1993,33(4):62-67.

[4] Cumpstem B H,Ananthavl S P,Barlow S,et al. Two-photon polymerization initiators forth ree-dimensional optical datastorage and microfabrication[J]. Nature,1999,398(4):51-54.

[5] 赵玮.运筹学的理论与应用——中国运筹学会第五届大会论文集[C].西安:西安电子科技大学出版社,1996:468-471.

说明:

参考文献格式:参考文献类型,根据 GB 3469－83《文献类型与文献载体代码》规定,以单字母方式标识:M—专著(含古籍中的史、志论著),C—论文集,N—报纸文章,J—期刊文章,D—学位论文,R—研究报告,S—标准,P—专利;对于专著、论文集中的析出文献采用单字母"A"标识,其他未说明的文献类型,采用单字母"Z"标识。

1. 期刊作者.题名[J].刊名,出版年,卷(期):起止页码

2. 专著作者.书名[M].版本(第一版不著录).出版地:出版者,出版年:起止页码

(参考文献格式要求:"参考文献"单独一页,四字居中放置,使用小 2 号黑体字,加粗。)

(参考文献正文格式要求:内容使用小 4 号宋体字,居左,空两格放置。具体结构格式与标注方法同注释中交代引文出处的注文格式)。

3. 论文集作者.题名〔C〕.编者.论文集名,出版地:出版者,出版年:起止页码

4. 学位论文作者.题名〔D〕.保存地点.保存单位.年份

5. 专利文献题名〔P〕.国别.专利文献种类.专利号.出版日期

6. 标准编号.标准名称〔S〕

7. 报纸作者.题名〔N〕.报纸名.出版日期(版次)

8. 报告作者.题名〔R〕.保存地点.年份

9. 电子文献作者.题名〔电子文献及载体类型标识〕.文献出处,日期

文献作者 3 名以内的全部列出;3 名以上则列出前 3 名,后加"等"(英文加"etc")。

致谢

致　　谢

（致谢格式要求:"致谢"单独一页,两字居中放置,使用小 2 号黑体字,加粗。）

感谢我的指导老师,你的严谨细致、一丝不苟的作风一直是我工作、学习中的榜样,这篇论文的每个细节和每个数据,都离不开你的细心指导。你循循善诱的教导和不拘一格的思路给予我无尽的启迪。

论文即将完成之际,我的心情无法平静,从开始进入课题到论文的顺利完成,有多少可敬的师长、同学、朋友给了我无言的帮助,在这里请接受我诚挚的谢意!

此外,还要感谢我们学院的所有老师在我大学时期,给我的专业打下了坚实的基础,感谢××××大学为我提供了良好的学习环境和丰富的信息数据,让我在学习之余充分领略到大学生活的美好,在学校里度过的时光是我人生中最珍贵的纪念,我在这里不光学会了知识,还学会了做人,我现在已经做好了充分的准备,要离开母亲展翅飞翔,在这即将离开母校的时刻,不免离情依依,祝愿学校能在未来培养更多更优秀的人才。

　　最后,不能忘记的是一直培育我,在背后默默支持关心我的父母,有了他们的支持,让我有了更多去奋斗的动力,今后我会更加努力,愿他们会为我的成绩而感到骄傲。

签名:
年　月　日

(致谢正文格式要求:字号小四号宋体,起行空两格,回行顶格。)

【范例二】

1. 综述

1.1 我国热处理技术发展历史

　　我国现代热处理技术的发展历程大体上可分3个时期,即1949—1965年,70年代中后期,改革开放(1978年)以后的时期。第一个时期是恢复经济,实行第一……

1.2 我国热处理发展方向

1.2.1 我国热处理现状

　　资深金属热处理专家、原中国热处理行业协会副理事长樊东黎教授分析:我国热处理行业市场前景尽管十分看好,但问题仍然不少,如企业发展不平衡、专业化程度还不高和能源浪费比较大等。

(封面、内页、摘要、目录与前面范文的要求基本一致,此处不再重复介绍,但理工类专业目次的三级标题,建议按1.、2.……;1.1、1.2……;1.1.1、1.1.2……的格式编写;社科类专业目次的三级标题,建议按一、(一)、1.……的格式编写,目次中各章标题序的阿拉伯数字用新罗马体,第一级标题用4号黑体,第二级标题用小4号黑体,第三级标题用小4号楷体。)

(1) 专业化生产……

(2) 使用新型淬火介质……

　　……………

1.3　热处理设备及材料的发展

企业技改的强劲势头给设备制造业带来更多机会……

1.4　环境材料学的提出对热处理工艺发展的影响

1.4.1　产生了热处理工艺的四大发展趋势

环境材料学要求在材料工程中贯彻节能、环保、节约资源的原则,使传统热处理工艺形成了以下发展趋势……

1.4.2　简约热处理

非调质钢是非常有利于再生循环的新型结构钢,可实现制造过程的大量节能。这种钢采用微量合金元素如钒、铌、钛等与碳、氮化合,通过控制钢材的锻(轧)冷却,使其以弥散形式沉淀析出,能有效地阻止锻轧前加热、锻轧过程和锻轧后冷却过程中奥氏体晶粒长大,在供货期间发生消除应力的时效现象,就能使力学性能满足使用要求。与普通调质钢相比,由于某些碳氮化合物冷却析出后再加热时很难充分溶解并均匀分布,故微合金非调质钢只有在正确的锻(轧)和控冷工艺条件下才能发挥潜力。非调质钢包括以下几种主要类型:

① 普通用钢,适用于不需感应加热淬火的零件,主要用于引进汽车国产化生产用钢。这些钢要控制的元素种类多、范围窄,由于考虑再生循环而被视为残余元素的铬、镍、钼的控制很严。35MnV 为基本钢号,添加氮可使韧性稍有提高,添加硫可改善切削性能,如连杆用钢 38MnVS,前轮毂用钢 30MnVS 等。现国产

论文正文分章节撰写,每章独立起页。各章的标题要突出重点、简明扼要。字数一般在 15 字以内,不得使用标点符号。标题中尽量不采用英文缩写词,对必须采用者,应使用本行业的通用缩写词。层次以少为宜,根据实际需要选择。

[正文层次的编排和代号要求统一,层次为"章"级别的,例如"1";"节"级别的,例如"1.1";"条"级别的,例如"1.1.1";"款"级别的,例如"1)";"项"级别的,例如"(1)"。]

非调质钢 30MnVS 和 35MnVN 已取代 40Cr 调质用于轻型载货车的重要零件。

② 感应加热淬火用钢,这种钢的碳含量较高,以保证表面淬火硬度,如 40MnV 用于制造汽车半轴、花键轴等,48MnV 用于制造发动机曲轴。

③ 热锻空冷低碳贝氏体钢,如 12Mn2VBE15J,也是有前途的新型钢材,有的将其归入另一类非调质钢。

1.4.3 兼并热处理……

1.4.4 在线热处理……

综上所述,今后在大量生产领域的热处理将不断简化,发展重点将在航空、航天、工模具、能源工业等领域。事实上,非调质钢的开发使感应热处理的优势得以发挥,若再配合目前发展较快的激光熔覆工艺,不仅可替代传统的化学热处理,而且使修复热处理也更易于实现。

1.5 环境材料学的提出对热处理设备发展的影响

1.5.1 产品市场对热处理生产的要求

随着汽车、农机、工程机械、建筑机械、兵器、航空、航天、环保设备……

1.5.2 热处理设备和工艺材料的发展必须适应环境材料学理念

(1) 热处理生产要求不断开发长寿命、清洁、高效、节能、精确的热处理技术和相应的设备,实现优质高效低消耗的生产,不断节约能源和资源、降低成本、提高劳动生产率,向热处理生产的零污染和质量的零分散度目标迈进。

(2) 无氧化热处理生产技术是现阶段热处理技术发展的重点……

(3) 在线热处理的发展及热处理设备更新的热潮中,必将导致对优质配套元器件和器材的大量需求。

2. 车间产品方案的确定

本车间设计的是中型综合热处理车间,典型产品是铬钼钢42CrMo制作的汽车转向泵齿轮,同时还生产连杆螺栓、汽车后桥半轴、连杆、轴类等。

2.1 产品列表

产品的材料繁多,现只介绍其典型材料的热处理工艺,如下表。

表2.1 产品列表

产品名称	典型材料	热处理工艺
汽车转向泵齿轮	42CrMo	调质、去应力退火、时效处理、离子氮化
连杆螺栓	40Cr	退火、调质、去应力退火、时效、离子氮化
汽车后桥半轴	40MnB	退火、调质、去应力退火、时效、离子氮化
连杆	40Cr	退火、调质、去应力退火、时效、离子氮化
轴类	35CrMo	调质、去应力退火、时效处理、离子氮化

汽车转向泵齿轮的技术要求为:材质42CrMo,氮化后表面硬度≥650HVI,渗氮层深度≥0.5mm。零件实物图片如图2.1所示。零件外形尺寸为$\varphi 63mm \times 37mm$。

表格一般采用三线表,表顶、底线用反线(粗线),栏目线用正线(细线);表格须有表序和表题,并应在文中进行说明,例如:如表2.1。

表头设计应简单明了,尽量不用斜线,表头与表格为一整体,不得拆分排写于两页;表序按章编排,例如,第一章第一个插表的序号为表1.1,表序与表题之间空一格,居表中排。

表题中不允许使用标点符号,表名后不加标点;表序与表题用5号黑体,数字和字母为5号新罗马体加粗;表身内数字一般不带单位,全表用同一单位时,将单位符号移至表头右上角;表内文字说明(5号宋体),起行空一格,转行顶格,句末不加标点。

图 2.1 汽车转向泵齿轮实物

3. 去应力退火工艺

本产品去应力退火采用的是中温箱式电阻炉。空冷或炉冷至 200～300℃。

表 3.5 去应力退火工艺规范

材料名称	工艺规范
碳素工具钢及合金工具钢	加热至 600℃，保温 1～2h
…………	…………

去应力退火的热处理工艺曲线如图 3.3 所示。

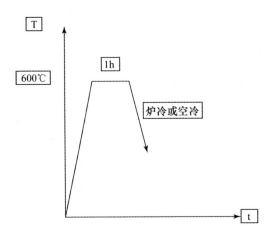

图 3.3 去应力退火的热处理工艺曲线

表中数据应正确无误，书写清楚，数字空缺的格内加一字线，不允许用"（""同上"之类的写法；表中若有附注时，用小 5 号宋体，写在表的下方，句末加标点。仅有一条附注时写成"注：……"；有多条附注时，附注各项的序号一律用阿拉伯数字，例如：注 1：……

毕业设计的插图采用就近排原则，应与文字紧密配合，文图相符，内容正确。选图要力求精练。

插图应符合国家标准及专业标准。

机械工程图：采用第一角投影法，严格按照 GB 4457～4460－1984，GB 131－1983《机械制图》标准规定。

电气图：图形符号、文字符号等应符合有关标准的规定。

流程图：原则上应采用结构化程序并正确运用流程框图。

……

3.2 砌体平均表面积计算

砌体尺寸如下：

$L_{外} = L + 2 \times (115 + 50 + 115) = 2300 \text{(mm)}$

$B_{外} = B + 2 \times (115 + 50 + 115) = 1430 \text{(mm)}$

$H_{外} = H + f + (115 + 80 + 115) + 67 \times 4 + 50 + 182 = 640 + 116 + 310 + 268 + 50 + 182 = 1566 \text{(mm)}$

其中：f—拱顶高度，此炉子采用60°标准拱顶，取拱顶半径 $R = B$，式中 $f = R(1 - \cos 30°)$

(1) 炉顶平均面积

$F_{顶内} = \dfrac{2\pi R}{6} \times L = 2 \times 3.14 \times 0.869 \times 1.741 / 6 = 1.585 \text{(m}^2\text{)}$

$F_{顶外} = B_{外} \times L_{外} = 1.430 \times 2.300 = 3.318 \text{(m}^2\text{)}$

$F_{顶均} = (F_{顶内} \times F_{顶外}) / 2 = \sqrt{1.585 \times 3.318} = 2.29 \text{(m}^2\text{)}$

(2) 炉墙平均面积

……

对无规定符号的图形应采用该行业的常用画法。

毕业设计（论文）中有个别名词或情况需要解释时，可加注释说明。注释可采用页末注（将注文放在加注页稿纸的下端）或篇末注（将全部注文集中在文章末尾），而不用行中注（夹在正文中的注释）。若在同一页中有两个以上的注释时，按各注释出现的先后，用阿拉伯数字编序，例如：注1：……注2：……注释只限于排在注释符号出现的同页，不得隔页。

最后是范例二的参考文献和致谢，与范例一的要求一致。

附录三 部分专业大类的毕业设计与毕业论文参考选题

一、经济管理大类

1. ××公司绩效管理的分析与应用
2. ××企业竞争力存在的问题和对策分析
3. ××企业的质量体系分析
4. ××企业组织结构优化
5. 科技中介的作用和发展趋势研究
6. CEO 的激励和监督机制
7. ERP 管理系统在企业应用的成功之道
8. ××公司技术创新管理方法的研究
9. ××企业人力资源管理的完善与创新
10. ××企业员工的职业生涯管理
11. ××企业员工绩效评估体系的诊断与建议
12. ××企业员工满意度的调查分析
13. 差异化营销策略及应用
14. 超市业务流程管理调研
15. 电子商务给企业发展带来的机遇和挑战
16. 对于企业管理中的社会责任问题的理性思考
17. 供应链中合作伙伴关系实施策略研究
18. 关于××省××中小企业融资难的对策研究
19. 管理应用软件发展现状及存在的问题
20. 家族企业发展趋势研究
21. 家族企业人才培养模式研究
22. 连锁企业经营管理分析
23. ×类企业的研发业务外包风险研究
24. ×企业成本的控制与管理
25. 浅论××私营企业员工激励机制及调整策略

26. 浅谈建设企业文化对民营企业的重要性
27. 浅谈企业文化对民营企业的重要性
28. 浅析我国特许经营的现状与发展
29. 浅析××中小企业产品升级换代的对策与思考
30. 职业经理人制度建设中的约束机制
31. 讨论企业员工培训的战略意义
32. 提升××省食品业品牌的战略思路研究
33. 公共关系与促销研究
34. 中国家电企业"价格战"问题的调查分析和研究
35. 客户关系管理、关系营销或数据库营销的调查(案例)、分析和研究
36. 市场细分与目标市场选择
37. 网络广告理论与应用研究
38. 非营利组织营销活动的特点、战略、策略
39. 物权理论及其在房地产管理中的现实意义
40. 房地产市场的信息不对称分析与房地产企业的品牌塑造
41. 健全严格规范的农村土地管理制度研究
42. 扩大居民消费需求的重点、难点和对策研究
43. 扶持农民工返乡创业研究
44. 新农村建设中的新情况新问题研究
45. 城镇老年人生存状态及居住方式意愿研究
46. 省市基本养老保险制度城乡衔接问题研究
47. 省市农村居民财产性收入问题研究
48. 推进西部大开发战略新举措研究
49. 后配额时代我国纺织品贸易的机遇与挑战
50. 国际贸易中的技术壁垒与我国的对策
51. 国际贸易中的环境保护问题
52. 我国居民收入分配的现状与对策研究
53. 农村剩余劳动力流动问题研究
54. 西部中小企业融资的困境与对策研究
55. 中国服装出口与绿色贸易壁垒
56. 我国农村社会保障问题研究
57. 国际贸易中的市场风险及其防范
58. 比较优势和竞争优势与我国服务贸易的国际竞争力

59. 企业信用模式及其制度模式研究
60. 中小企业网络营销的方式及策略
61. 中小企业物流管理信息化问题及其对策研究
62. 客户关系管理系统在中小企业的应用研究
63. 网络营销中的客户信息管理
64. 中小企业的人力资源管理的模式分析
65. 网络开店与现实开店运行之比较
66. 论服务行业中的人性化管理
67. 服务行业中员工流失分析及对策
68. 文化因素在服务行业中作用探讨
69. 电子商务与国际贸易的发展
70. 石油价格波动对汽车行业影响分析
71. 论供应链战略联盟的内涵、类型管理
72. 论企业分销渠道竞争力研究
73. 国际营销中产品的包装促销与传播
74. 论关系营销在我国企业中的应用
75. 外贸企业的客户关系管理研究
76. 中国企业的品牌建设研究
77. 营销活动中的定价技巧
78. 企业公司品牌营销策略研究
79. 企业公司新产品营销策略研究
80. 企业公司市场营销策策略的应用
81. 关于企业物流管理绩效评价体系的探讨
82. ×企业销售人员培训方案研究
83. 论企业营销的市场导向
84. 市场营销渠道的冲突与管理
85. 关于会计理论结构的探讨
86. 对我国新企业会计准则的思考
87. 上市公司的会计信息披露问题研究
88. 论我国会计国际化的必然性
89. 关于会计政策的选择研究
90. 关于会计工作的法律责任
91. 企业收益质量及其评价体系

92. 上市公司盈利信息披露与股价相关性研究
93. 企业财务风险及内部控制研究
94. 企业集团的财务管理研究
95. 企业内部财务控制理论与应用的研究
96. 我国上市公司会计信息披露失真问题探析
97. 上市公司舞弊性财务报告产生的因素分析
98. 我国上市公司会计信息披露问题研究
99. 企业财务人员绩效考核与激励问题研究
100. 我国民营科技企业融资问题研究

二、电子工程大类

1. 基于LabVIEW虚拟滤波器的设计与实现
2. 双闭环直流调速系统设计
3. 单片机脉搏测量仪
4. 单片机控制的全自动洗衣机设计方案
5. FPGA电梯控制的设计与方案
6. 恒温箱单片机控制
7. 基于单片机的数字电压表
8. 单片机控制步进电机设计方案
9. 函数信号发生器设计方案
10. 110kV变电所一次系统设计
11. 报警门铃设计方案
12. 51单片机交通灯控制
13. 单片机温度控制系统
14. CDMA通信系统中的接入信道部分进行仿真与分析
15. 仓库温湿度的监测系统
16. 基于单片机的电子密码锁
17. 单片机控制交通灯系统设计
18. 基于DSP的IIR数字低通滤波器的设计与实现
19. 智能抢答器设计
20. 基于LabVIEW的PC机与单片机串口通信
21. DSP设计的IIR数字高通滤波器
22. 单片机数字钟设计

23. 自动起闭光控窗帘毕业设计论文
24. 三溶液位远程测控系统毕业论文
25. 基于 Matlab 的 PWM 波形仿真与分析
26. 集成功率放大电路的设计
27. 波形发生器、频率计和数字电压表设计
28. 水位遥测自控系统毕业论文
29. 宽带视频放大电路的设计毕业设计
30. 简易数字存储示波器设计毕业论文
31. 球赛计时计分器毕业设计论文
32. IIR 数字滤波器的设计毕业论文
33. PC 机与单片机串行通信毕业论文
34. 基于 CPLD 的低频信号发生器设计毕业论文
35. 110kV 变电站电气主接线设计
36. m 序列在扩频通信中的应用
37. 正弦信号发生器
38. 红外报警器设计与实现
39. 开关稳压电源设计
40. 基于 MCS51 单片机温度控制毕业设计论文
41. 汽车齿轮周节参加测量仪软件设计
42. 汽车压力传感器校验台设计
43. 自适应数字滤波器的设计与实现
44. 基于单片机的阻抗测量分析仪的设计
45. 基于单片机的打铃系统
46. 电子电路设计与工艺——酸性电镀铜工艺
47. 电机车智能防撞系统
48. 出租车计价器的设计与实现
49. 基于单片机的报时控制电路的设计
50. 基于超声波的汽车防撞报警系统的设计
51. 基于单片机控制的温度采集系统设计
52. 太阳能灯充放电控制电路的设计
53. 电机智能保护系统
54. 电机智能保护系统设计采集电路设计
55. 基于单片机的智能小车——无线遥控电机驱动

56. 基于单片机的智能小车——自动往返小车

57. 基于单片机的智能小车——路径循迹红外避障

58. 电机智能保护系统——显示系统的设计

59. 电机智能保护系统——主机部分的软件设计

60. 温度报警监控器的设计

61. 红外报警监控系统

62. 基于单片机的无线烟雾报警器的设计与实现

63. 基于单片机控制的温度测试系统

64. 酒店客房服务门锁控制系统

65. 可编程并行接口的应用设计与实现

66. 基于微控制的直流电机系统设计与实现

三、土木工程大类

1. 大体积混凝土的施工质量控制
2. 项目施工中的合同管理与技术管理
3. 石灰粉煤灰稳定土路面底基层施工技术
4. 某教学楼主梁开裂原因分析及加固措施
5. 浅谈钢筋保护层的重要性及控制
6. 深基坑顺向岩层高边坡的支护施工
7. 商品砂浆在工程中的应用
8. 商品混凝土降低成本的技术途径
9. 软土地基混凝土管桩竖向承载力时间效应分析
10. 浅议轻型钢结构的应用和发展
11. 浅谈加筋土挡土墙施工方法
12. 企业流程再造与工程质量管理
13. 某装配车间特大吨位吊车梁系统设计
14. 某深基坑内管涌、流沙的事故原因及地基加固措施
15. 裂缝对混凝土结构耐久性的影响
16. 旧城改造施工引发的房屋裂缝分析及处理
17. 建筑物纠偏常用方法及其应用
18. 混凝土中钢筋锈蚀与结构耐久性
19. 混凝土整体现浇楼(顶)盖裂缝的成因分析和系统预防
20. 混凝土外加剂在基础大体积混凝土中的应用

21. 后压浆灌注桩的质量控制及检测评价
22. 关于异型截面地下连续墙施工技术的探讨
23. 公司大门工程建设施工
24. 高掺量粉煤灰自流平砂浆性能的研究
25. 高层建筑桩筏基础工作性状研究
26. 钢筋混凝土构件统一理论研究的发展
27. 钢管混凝土短柱轴心受压承载力计算
28. 对混凝土强度检验的分析
29. 地铁站工程深基坑的施工监测方法
30. 单桩复合地基中桩身参数的反演分析
31. 从检测角度看管桩纠偏技术在深基坑基桩事故中的应用
32. 冲击成孔灌注桩施工质量控制
33. 超深基坑垂直喷锚支护施工
34. 不增加水泥用量如何提高混凝土的强度
35. 轻钢建筑的结构体系及其节点形式探讨
36. 浅谈水撼法在地基加固工程中的应用
37. 平面钢框架失稳形式的研究
38. 高边坡路堑控制爆破施工实践
39. 扣件式钢管脚手架与模板支架的设计计算
40. 工程项目管理的综合控制方法及应用
41. 不同地质条件下工程地基处理与地基加固研究与技术应用
42. 不同水文地质条件下深基坑支护技术的应用与开发研究
43. 桩基础施工技术研究
44. 新型模板体系开发与设计
45. 新型模板施工技术研究
46. 新型脚手架开发与设计及应用研究
47. 清水混凝土施工技术开发与应用研究
48. 新型钢筋连接技术与开发与应用
49. 纵向预应力混凝土技术开发与应用研究
50. 无粘接预应力混凝土技术开发与应用研究

四、文史语言大类

1. 口语和书面语的一致性和分离性

2. 幼儿语言习得的规律
3. 日常交际语言艺术
4. 新词语的产生和使用
5. 广告语言中不合语法的现象
6. 两个点号连用的条件和作用
7. 倒过来说的效果研究
8. 汉字起源研究述评
9. 论汉字形体演变的繁简分合
10. 汉字教学方法研究
11. 江永"女书"的形体结构研究
12.《说文解字》"女"部字研究
13. 词的多义性和词素的多义性
14. 词义演变的深层意义基础
15. 音义联系的任意性和命名的理据性
16.《论语》祈使句研究
17.《韩非子》中的被动句
18. 从《庄子》看先秦的宾语前置句
19. 网上聊天语言的特殊语境和交际特色
20. 谈网络流行语的规范问题
21. 手机短信的特点
22. 缩略语使用的特点及其规范问题
23. 对外汉语教材中的成语应用研究
24. A Brief Comment on Shakespeare's *The Merchant of Venice*（浅淡莎士比亚的《威尼斯商人》）
25. Hamlet：His Characters as a Humanist（哈姆雷特人物性格分析）
26. The Social Significance of Dickens' *Oliver Twist*（狄更斯《雾都孤儿》的社会意义）
27. Appreciation of Literary Language of *Pride and Prejudice*（《傲慢与偏见》文学语言欣赏）
28. An Character Analysis of the Heroine of *Emma*（《爱玛》女主人公性格分析）
29. The High Class as Seen in Thacheray's *Vanity Fair*（从《名利场》看上流社会）
30. An Analysis of the Heroine of *The Scarlet Letter*（浅析《红字》的女主人公）

31. Mark Twain: A Humorist（马克·吐温——一位幽默大师）

32. Social Significance as Reflected in *The Great Gatsby*（《了不起的盖茨比》所反映的社会意义）

33. An Analysis of Several Robert Frost's Famous Poems（浅析弗洛斯特的几首著名诗歌）

34. Sexism as Reflected in the Chinese and English Languages（英语和汉语中的性别歧视）

35. Lexical Items as Means of Cohesion in English Texts（英语语篇中的词汇衔接手段）

36. On English Oration as a Variety of Language（论英语演说词）

37. The Polite Language in the English Language（英语中的礼貌用语）

38. Reflection on the English Taboo Words（谈英语的禁忌语）

39. A Comparative Analysis of British and American English（英式英语与美式英语比较）

40. On the English Negative Sentences（谈英语否定句）

五、传媒艺术大类

1. 分析视觉艺术的表现语言的发展
2. 试析中西悲剧艺术理论的差异
3. 简论艺术成果是理论与实践的载体
4. 浅谈唐代女装风格在现代的继承与发展
5. 简析高校艺术理论教学的新模式
6. 剪纸艺术的文化价值探究
7. 速写与环艺设计的关系浅谈
8. 浅谈艺术的时代性
9. 简述东西方舞蹈文化的冲突与融合
10. 电视谈话节目中主持人的插话艺术
11. 关于对电视剧的政治经济综述
12. 简论国内电视穿越剧发展历程
13. 谈谈电视艺术审美情趣的多元化
14. 西方文学视野下的影视研究分析
15. 强化电视新闻采制的电视观念浅谈
16. 中国体育电视的现状解析探究

17. 美日恐怖电影艺术效果的对比分析
18. 西方战争电影的四种典型模式分析探究
19. 探究市场化下的广告设计教学革新
20. 浅说广告设计的版式应用研究
21. 浅谈动漫在广告设计中的优势
22. 浅析名人虚假广告
23. 谈谈网络广告的个性要素
24. 谈谈怎样创作优秀的广告语
25. 关于色彩应用在平面广告设计中的重要作用
26. 关于图形创意的表现
27. 探讨怎样运用多媒体提高《植物学》课程的教学质量
28. 试论多媒体视频内容管理平台的设计与实施
29. 多媒体视频内容管理平台的应用研究
30. 关于多媒体广告发布平台的构建与实施
31. 关于如何在企业发展中借助于媒体
32. 关于怎样运用多媒体提高课程教学质量
33. 关于平面设计中的教学模式探讨
34. 关于多媒体教学现代文学的教学影响探究
35. 探究本土设计师的品牌拓展与企划
36. 关于服装设计与工程专业实践课程的建构
37. 服装设计的艺术性的应用
38. 简谈高校服装设计与教学改革
39. 关于服装设计专业任务书
40. 关于服装设计人才基本素质及培养
41. 关于服装品牌设计和传播中的文化创意
42. 探讨现代舞单人舞编舞技法
43. 如何在即兴舞蹈中拓展少儿的想象空间
44. 印度歌舞在电影中的叙事作用
45. 探究集体舞在青少年身心发展过程中的作用
46. 简述学习国标舞的四要原则
47. 浅论音乐对舞蹈创作的重要性
48. 探析芭蕾名家普利谢茨卡娅的舞蹈艺术特点
49. 关于舞蹈的礼仪与舞者文明素养

50. 谈谈关于舞蹈教育与美育关联综述

六、机械工程大类

1. 弧面凸轮数控转台的设计——3D 建模与装配
2. 基于单片机的汽车防盗报警系统设计
3. 可转位车刀受力的 ANSYS 分析
4. 18 吨桥式起重机的设计
5. 双吸离心油泵的结构及其机械密封设计
6. 风能发电机转子支架钻模的设计及工艺
7. 钢球锥轮式无级变速器设计
8. 随动架及桅顶设计
9. 淬火油槽监控系统设计
10. 45 吨旋挖钻机驱动轮和拖链轮设计
11. 基于 ProE 的通用零件的二次开发设计
12. 变频调速电梯微机控制系统的设计
13. 基于 PLC 的设备清灰系统装置设计
14. 六层电梯 PLC 控制系统设计
15. 基于 ProE 六自由度机械手参数化建模及运动仿真
16. 45 吨旋挖钻机伸缩式履带行走装置设计
17. 组合机床主轴箱及夹具设计
18. 湘玉竹切片机的设计
19. 基于单片机的数控车床 XY 工作台与控制系统设计
20. 螺旋离心泵的设计
21. 生产线皮带运输机控制系统设计
22. 绞肉机的设计
23. 钢环分离锥轮无级变速器
24. 水平螺旋输送机设计
25. 马铃薯去皮机设计
26. 番茄打浆机
27. YM3150E 型滚齿机的控制系统的 PLC 改造
28. 基于 UG 二次开发技术的麻花钻、扩孔钻、铰刀设计系统研究
29. 电磁铁推拉力测试系统——控制部分设计
30. 减振镗杆的有限元分析

31. 基于单片机的家用安保系统 Ver9
32. 基于单片机和 DS18B20 的空调温控系统设计（硬件）
33. 基于 USB 总线数据采集系统设计与实现
34. 输电线路除冰机器人除冰机构设计
35. 行波型超声波电机设计
36. 机床主轴的振动的有限元模态分析
37. 基于 ProE 渐开线齿轮的建模和传动仿真
38. 自动墙壁清洗机设计
39. 倾斜螺旋输送机设计
40. 焊接板件铣边机的设计
41. DTⅡ型固定式带式输送机的设计
42. FXS80 双出风口笼形转子选粉机
43. JLY3809 机立窑（加料及窑罩部件）设计
44. MR141 剥绒机锯筒的总体设计
45. M113 化工仪器上盖设计
46. H135 柴油机连杆设计
47. 系统设计技术在机床行业的应用
48. 模具数控编程加工设计
49. 故障分析及维修方案
50. MR241 机械系统设计中存在问题及改进方法
51. 常见机械故障原因及解决方案

七、矿业工程大类

1. 地下铁矿床灰岩顶板突水机理及注浆堵水效果实验与模拟研究
2. 急倾斜中厚煤层软底综采采场矿压规律及其控制研究
3. 地下铁矿开采三维 SURPAC 建模与采矿过程稳定性数值分析
4. 煤矿塌陷区耕地生产力损害组件式 GIS 可视化评价系统研究与实现
5. 露天转地下开采过程三维可视化仿真模型及稳定性分析
6. 风化型土质金矿尾矿植被恢复研究
7. 自控变频式同步电动机锁相并网技术研究
8. ××铅锌矿尾矿库地质灾害危险性评估研究
9. 降雨入渗条件下××公路边坡稳定性分析
10. 露天采矿的生态影响综合评价与生态环境保护及修复对策研究

11. 大采深条件下采煤活动引起的覆岩移动变形及破坏规律研究
12. 基于ADRC的水面船舶动力定位控制技术及仿真研究
13. 影响××区矿渣型泥石流形成的主要因素研究
14. 超长工作面综采放顶煤开采矿压显现规律的研究
15. ××山铁矿通风系统单元化抽出式改造效果测定及分析
16. ××铁矿露天采场高陡岩质边坡破坏机理及稳定性研究
17. ××铜矿带分段空场法采场结构参数优化研究
18. ××山铜矿矿柱回采技术研究
19. ××磷矿台阶爆破参数的合理选择及爆破块度分布规律研究
20. ××区废石全尾砂高浓度料浆泵压管输充填系统研究
21. ××山铁矿上部露天开采与下部地下开采的安全影响研究
22. ××铁矿采场结构参数优化研究
23. 深部矿岩工程条件与开挖稳定性分析
24. 硬岩层状顶板失稳规律与支护技术研究
25. 缓倾斜中厚磷矿床地下开采采场矿压显现及上覆岩层变形破坏规律
26. 抗滑桩支护效果分析与工程应用
27. ××矿山地质环境综合评价研究
28. 综采工作面大采高采煤方法的应用
29. ××铁矿×区地表及构筑物变形规律研究
30. ××铁矿地下开采爆破震动效应研究
31. ××山金铜矿露采高边坡稳定性评价及坡角优化
32. ××水电站拱肩槽边坡稳定性研究
33. 基于离散单元法的节理岩体边坡稳定性分析
34. 南水北调工程××段开挖渠道边坡稳定敏感性分析
35. 土地复垦方案实施存在的问题及对策研究
36. 软煤层大采高综采围岩控制技术研究
37. 长壁工作面采场顶板压力三维动态分布规律研究
38. 大采高超长工作面顶板灾害预警研究
39. 石屑混凝土的性能及环境效益
40. 基于GIS的煤矿采掘生产状态可视化管理系统研究
41. 位移矢量角参数及其在堆积层滑坡治理工程优化设计中的应用
42. 生产测井技术在海拉尔油田的应用研究
43. 静力触探在渤海×海上平台场址工程勘察中的应用研究

44. 水泥改性与新型固结灌浆材料研究
45. 隧道超前地质预报计算机辅助系统初步开发
46. 地质体的三维建模与可视化研究
47. 糯扎渡水电站坝址区域强风化花岗岩工程特性及工程边坡防护措施
48. Partnering 理论在地质工程项目管理中的应用研究
49. 基于近景摄影测量法超前预报掘进隧洞中的不稳定块体
50. 基于 GIS 的滑坡区域危险性区划信息系统的研究
51. 基于 MapX 的物流信息监控实验平台
52. 节理岩体力学参数测定及处理方法研究
53. 复杂硐式地质编录信息系统关键技术研究
54. 石油薄储层探测野外数据采集理论
55. 喇嘛甸油田的组成规律研究
56. 城市生活垃圾填埋场选址适宜性区划分析
57. 松辽盆地西部断陷带层序地层学研究
58. 异常高压层的识别及解释方法研究
59. 根据测井曲线对外围油田调整井地层孔隙压力解释
60. 特低渗透性油田调整井钻关措施研究
61. 突变理论在土钉支护体系中的应用研究
62. 三维激光扫描技术及其工程应用研究
63. 夹层软泥化过程及其化学动力学模拟
64. 地质工程实践的哲学探析
65. 基于产状推演的地质建模方法与软件实现
66. 基于变形的拱坝坝肩稳定分析方法研究
67. 抗滑桩机理分析及工程应用
68. 文本分类在学科导航中的应用研究
69. 隧道施工超前地质预测预报综合技术方法研究
70. QXF36 型井壁取芯器地面控制仪的原理与设计
71. 基于《建筑与市政降水工程技术规范》的降水设计系统的研发
72. 岩体经验强度准则的可靠度研究及其在工程中的应用

八、化学工程大类

1. 蔬菜中农药残留脱除方法探讨
2. 掺伪芝麻油质量检测方法概述
3. 酸雨对人类的影响及防治对策
4. 膜萃取技术的应用及研究进展

5. 高聚物分离膜的制造方法及研究进展
6. 可充放电型高能电池的开发及研究
7. 聚丙烯酰胺在废水处理中的应用及研究进展
8. Fenton 氧化技术在废水处理中的应用
9. 食品安全现场快速检测技术研究进展及应用
10. 锂离子电池防过载膜添加剂的性能研究
11. 环氧丙烷生产中废水的处理研究
12. 生物柴油制备研究进展
13. 地沟油合成生物柴油工艺研究进展
14. 废塑料与废机油的回收利用研究
15. 液体燃料氧化脱硫的研究进展
16. 液体燃料萃取脱硫的研究进展
17. 可降解塑料的研究现状
18. 浅议大气臭氧层破坏对全球经济的影响
19. 试论光化学烟雾的形成条件、机理、危害及防治措施
20. 餐桌上的化学污染
21. 蔬菜中农药残留问题的分析研究进展
22. 原子吸收光谱法在食品安全分析中的应用研究进展
23. 废电池与环境污染及其回收和利用
24. 加氢催化预硫化技术发展
25. 浅析轻型汽车尾气中 NO 的危害及脱除方法
26. 浅谈我国乡镇精细化工的几个重要发展方向
27. 浅谈乙醇汽油的研究与应用
28. 关于化工生产中废水处理之浅议
29. 浅谈室内甲醛的污染与防治
30. 环保纳米涂料的研究与发展
31. 膜分离技术在工业领域中的应用及其发展方向
32. 绿色化学与化工生产中的零排放
33. 浅谈催化剂的种类及应用
34. 分子模拟技术在石油化工领域的应用
35. 石油产业的可持续发展思考
36. 试论化学与营养、健康的关系
37. 化学与食品保鲜
38. 活性炭的制备及应用探究
39. 化学实验室的环境污染与防治

40. 固相微萃取技术在农药残留分析中的应用
41. 我国农药使用现状及环境影响分析
42. "研究性学习"在化学教育中的实践
43. 一种地方资源与化工产品的开发研究
44. 室内装修材料种类
45. 有机化学中的溶剂效应
46. 与化学污染指数的关系
47. 化学教学与环保教育
48. 如何利用化学教学培养学生能力
49. 化学教学在素质教育中的地位和作用
50. "研究性学习"走进生物学课程教学的研究
51. 采用多媒体模拟实验的研究
52. 烯烃亲电加成反应方向的研究

参 考 文 献

[1] 高卉.开放教育本科毕业论文(设计)环节质量控制的探索和实践[J].内蒙古大学学刊,2009,(6).

[2] 李光.浅谈毕业设计(论文)中创新能力的培养[J].中国轻工教育,2004,(1).

[3] 孙博玲.本科毕业设计指导过程中学生创新能力培养[J].硅谷,2009,(6).

[4] 李利军,李艳丽.毕业论文指导过程中学生创新能力培养问题的探讨[J].高教论坛,2003,(6).

[5] 鲁寨军.从毕业设计选题开始培养工科本科学生创新能力[J].长沙铁道学院学报(社会科学版),2011,(3).

[6] 李文磊,林卫星,刘士荣.在提高毕业设计质量中指导教师作用的发挥[C]// 05'中国自动化产业高峰会议暨中国企业自动化和信息化建设论坛论文集.

[7] 夏鲁惠.高等学校毕业设计(论文)教学情况调研报告[J],高等理科教育,2004,(1).

[8] 胡红伟.高校毕业设计(论文)过程中存在的问题剖析[J],河南城建学院学报,2009,(6).

[9] 毛小庆.对本科毕业设计工作的若干思考[J].高等理科教育,2006,(1).

[10] 张莉.大学本科毕业设计过程中大学生创新能力培养的探索[D].武汉:华中科技大学,2011.

[11] 魏连雨,王朋.高等工科院校学生毕业设计与创新能力培养[J].土木建筑教育改革理论与实践,2009.

[12] 陈文平,史庆军,姜重然,等.地方普通高校工科毕业设计的研究与实践[J].佳木斯大学社会科学学报,2009,(2).

[13] 庄波,孙继磊.加强本科毕业设计(论文)质量管理的探索[J].科技信息(科学教研),2008,(14).

[14] 徐建芬.教师在学生研究性学习中的选题指导策略[J].教育发展研究,2001,(5).

[15] 湖北大学本科毕业论文(设计)开题报告[EB/OL].[2013-01-12].http://www.doc88.com/p-142610306667.html.

[16] 王英浩.土木工程专业毕业答辩成绩评定标准探讨[J].东南大学学报(哲学社会科学版),2012,(2).

[17] 杜鹃.答辩在课程设计教学中的实施与作用[J].陕西教育(高教版),2011,(3).

[18] 崔文凯.怎样搞好毕业论文答辩——毕业论文答辩操作研究[J].天津成人高等学校联合学报,2002(2).

[19] 束德林.我国常规热处理发展历程及其思考[J].金属热处理,1999,(9).

[20] 何慧芳.广东省产业结构与人力资源结构的互动效率研究[J].广东科技,2007,(4).

[21] 范本和格式要求——广东省产业结构与人力资源结构的互动关系[EB/OL].[2013-01-03].http://www.docin.com/p-108547636.html.

[22] 毕业设计论文范文——热处理工艺[EB/OL].[2014-03-28].http://max.book118.com/html/2014/0312/6526501.shtm.

[23] 最新本科毕业设计工作实施细则[EB/OL].[2014-03-22]http://wenku.baidu.com.2014-03-22.